Eta Reitz

Umsonst habt ihr bekommen, umsonst sollt ihr geben!

Eta Reitz

Umsonst habt ihr bekommen, umsonst sollt ihr geben!

Ehrenamtlich predigen

Fromm Verlag

Impressum/Imprint (nur für Deutschland/ only for Germany)
Bibliografische Information der Deutschen Nationalbibliothek: Die Deutsche Nationalbibliothek verzeichnet diese Publikation in der Deutschen Nationalbibliografie; detaillierte bibliografische Daten sind im Internet über http://dnb.d-nb.de abrufbar.

Coverbild: www.ingimage.com

Contact:
International Book Market Service Ltd., 17 Rue Meldrum, Beau Bassin, 1713-01 Mauritius
Website: www.bookmarketservice.com
Email: info@bookmarketservice.com

Gedruckt in: USA, UK, Deutschland. Dieses Buch wurde nicht in Mauritius produziert.

Imprint (only for USA, GB)
Bibliographic information published by the Deutsche Nationalbibliothek: The Deutsche Nationalbibliothek lists this publication in the Deutsche Nationalbibliografie; detailed bibliographic data are available in the Internet at http://dnb.d-nb.de.

Cover image: www.ingimage.com

Contact:
International Book Market Service Ltd., 17 Rue Meldrum, Beau Bassin, 1713-01 Mauritius
Website: www.bookmarketservice.com
Email: info@bookmarketservice.com

Printed in: U.S.A., U.K., Germany. This book was not produced in Mauritius.

ISBN: 978-3-8416-0143-8

Inhaltsverzeichnis

Danksagung

Mein Dank gilt allen Menschen, die mich auf meinem Weg begleitet und ermutigt haben.

Ganz besonders gilt mein Dank Pfarrerin Kirsten Wolandt, die mir Mut gemacht hat, mich als Prädikantin in der Evangelischen Kirche im Rheinland zurüsten und ordinieren zu lassen. Sie war mir für 1 Jahr eine verlässliche Mentorin und hatte für alle Fragen stets ein offenes Ohr.

Im 2. Jahr meiner Zurüstung nahm Pfarrer Guido Quinkert ihren Platz ein. Er bestärkte mich in Vielem und ließ mich an seiner Begeisterung für die altgriechische Sprache teilhaben. Viele Stunden verbrachte er mit mir, um Texte aus dem Neuen Testament in der Ursprache zu lesen und zu übersetzen. Seine innere Ruhe und große Geduld ermöglichten es mir, beim Predigen meinen eigenen Weg zu finden.

Ich bin vielen Menschen meiner Kirchengemeinde dankbar. Sie begleiten meinen Dienst voll Freude und mit großem Interesse. Viele Predigtnachgespräche haben mir geholfen, mich weiterzuentwickeln.

Ein besonderer Dank gilt meiner Freundin, Christiane Imhof, die nie müde wird, mit mir über die Bibeltexte zu sprechen. Viele ihrer Gedanken haben mich bereichert und meine geistige Arbeit regelrecht „beflügelt".

Ich danke auch Frau Claudia Kaiser, die mich überhaupt auf den Gedanken brachte, einige meiner Predigten zu veröffentlichen.

Ich danke allen Verlagen für ihre freundlich erteilte Abdruckerlaubnis mancher Texte, die ich in meinen Predigten verwendet habe.

Meine größte Freude wäre, wenn mein Weg viele Menschen zur ehrenamtlichen Verkündigung ermutigen würde, um ihr eigenes Leben zu bereichern.

Im Sommer 2011

Eta Reitz

„Wer singt, betet doppelt"

1. Advent

Liebe Gemeinde,

wer singt, betet doppelt! Kaum ein Satz hat mich in den zurückliegenden Jahren so beschäftigt wie dieser des Kirchenvaters Augustinus. Denn bis heute begleitet mich die Musik in vielen Stunden meines Lebens. Die fröhlichen Stunden haben ein anderes Gesicht als die traurigen, doch so verschieden diese Stunden auch sind, alle ihre Gefühle finde ich in der Musik wieder und somit ist sie es, die mich am besten trösten kann. In ihr spüre ich meine Zweifel genauso deutlich wie meine Hoffnung und neu aufkeimendes Vertrauen. Selbst in den schwersten Stunden steigen in mir nach einiger Zeit wieder Lieder auf, die mich durch ihre Melodien und Texte aufrichten.

Es wohnt der Musik ein Geheimnis inne, das nur schwer in Worten Ausdruck finden kann. Dieses Wissen und Ahnen ist uraltes Wissen und Ahnen unserer Vorfahren. Die Hebräer drücken dies schon in ihrer Sprache aus, denn in der hebräischen Sprache wird für „Kehle" und „Seele" dasselbe Wort benutzt. Wir könnten demzufolge den Beginn des Lobgesangs der Maria: *„Meine Seele erhebt den Herrn, und mein Geist freut sich Gottes, meines Heilandes"*[1] auch folgendermaßen übersetzen: *„Meine Kehle singt, erhebt, lobt den Herrn!"* Bewegen wir in unserer Kehle die Stimmbänder, spricht - genauer - singt auch unsere Seele. Umgekehrt klingen Worte, die aus der Tiefe unserer Seele kommen, wie eine Melodie.

Sie denken jetzt vielleicht, Sie könnten nicht singen, dieser Gedanke ändert jedoch nichts an der Größe des Sängers in Ihnen!! Die Stimme ist zum Singen geschaffen, zum Lobpreis Gottes und zur Heilung. Singen bewirkt etwas in den Menschen und

---

[1] Die Bibel nach der Übersetzung Martin Luthers in der revidierten Fassung von 1984, durchgesehene Ausgabe in neuer Rechtschreibung, © 2011 Deutsche Bibelgesellschaft, Stuttgart.

auch im Sänger selbst vollzieht sich heilsame Kraft. Wer wüsste nicht, wie viel Heilsames von einer singenden Mutter auf ihr Kind übergeht. Sie lässt ihr Kind teilhaben an ihren Gefühlen und Träumen, an Vergnüglichem wie an Nachdenklichem und das Kind spürt genauestens, was in ihr vorgeht, selbst wenn es die Worte noch nicht verstandesgemäß erfassen kann.

Ein Teil eines Gedichtes von Anne Steinwart – „Trauriges Vogellied" – bringt dies für mich sehr gut zum Ausdruck:

Überall gewesen.
Nirgendwo ein Nest gebaut.
Überall mein Lied gesungen.[2]

Und von sich schreibt sie:

„Will nicht leugnen die Dunkelheit. ... Singen will ich in die Dunkelheit von der Sonne ein Lied."[3]

Singen ist die Ursprache des Menschen! Ehe ein Kind noch Worte nachspricht und denken lernt, verständigt es sich durch Laute und Töne. Es hat quasi seinen eigenen Gesang.

Selbst Jesus lebte mit dieser Erkenntnis und zitiert einen Psalm *„Aus dem Munde der Unmündigen und Säuglinge hast du Lob bereitet"*, als er mit den Schriftgelehrten über das Geschrei der Kinder im Tempel diskutiert. Für die Aborigines, den Ureinwohnern Australiens ist klar, dass die Natur - Pflanzen und Bäume - uns Menschen ein stilles Lied singen. Sie glauben darüberhinaus aber auch, dass dieses

---

[2] Anne Steinwart »Selbst Nachtigallen soll es noch geben...« Seite 91, ©1991 Mosaik Verlag GmbH, München

[3] Anne Steinwart a.a.O. Seite 126

Geschehen ein Wechselspiel sein soll und die Natur selbst uns bittet, auch für sie zu singen. Daran wird deutlich, dass der Schöpfungsauftrag Gottes selbst unserem Singen eine große Verantwortung überträgt.

Wie aber verhält es sich beim Beten? Genauso wie das Singen hat das Beten für uns seinen Platz, wenn wir dankbar und froh sind über etwas, das uns gelang; froh sind, mit anderen Menschen zu feiern, so wie heute morgen hier im Gottesdienst. Besonderes Gewicht erhält unser Gebet in Stunden der Not, wenn wir kraft- oder mutlos sind und uns nach Aufrichtung sehnen, wenn wir Zweifel spüren und nach Hoffnung Ausschau halten. Gebet, so können wir den Psalmen Israels entnehmen, ist Gesang der Seele und so verwundert es nicht, dass Augustinus das Singen mit dem Beten verknüpft. In den Psalmen spiegelt sich die unauflösbare Gleichzeitigkeit des Singen und Betens wider und manch biblische Geschichte erzählt uns davon. Ob wir an Petrus und Sylas denken, die sogar das Wunder erleben, dass sich durch ihren Gesang ihre Fesseln lösen und sich die Türen ihres Gefängnisses auftun; oder an die Jünglinge im Feuerofen, die erfahren, dass ihr Gesang die Engel herbeiholt und sie unversehrt wieder aus dem Feuer steigen können. Diese und andere Geschichten wollen uns ermutigen, wieder etwas davon zurückzugewinnen, was Joseph von Eichendorffs Gedicht uns zuruft: *„Schläft ein Lied in allen Dingen, die da träumen fort und fort, und die Welt hebt an zu singen, triffst du nur das Zauberwort!“*[4]

Bis zum Weihnachtsfest haben wir noch 22 Tage vor uns. Für jeden dieser Tage könnten wir eines der 22 Adventslieder singen und über seinen Inhalt nachsinnen. Wir werden dann genauer hören, was Menschen früher bewegte und ermutigt werden, die Missstände und Ungerechtigkeiten unserer Zeit beim Namen zu nennen.

[4] Eichendorff Gedichte, Insel Taschenbuch 255, Erste Auflage 1977, S. 9

Wir werden neu in unserem innersten Sein erfahren, dass sich mit dem Kommen Jesu in diese Welt der Himmel bereits geöffnet hat und dieses Kommen Jesu in uns neu erwarten.

Dann gewinnt Advent seine wahre Bedeutung zurück und wir gewinnen in dieser Zeit neu die kindliche Erwartungshaltung: Bald ist Weihnachten! Bald feiern wir den Geburtstag des Sohnes, der uns vom Vater geschenkt wird.

Und dann können wir als Gottes Kinder singen, weil dieser geöffnete Himmel Lieder hat. Beherzigen wir dies, können wir etwas von dem Geheimnis erfahren, das uns eine chassidische Geschichte vermitteln will. *„Es heißt im Psalm: „Denn gut ist Gesang unserem Gott." Rabbi Elimelech deutete es: „Gut ist es, wenn der Mensch bewirkt, dass Gott in ihm singe."*[5] Mögen wir dies erleben und froh daran werden, wenn Gott in uns singt. Amen

27. November 2005

[5] Martin Buber, Die Erzählungen der Chassidim, © Manesse-Verlag Zürich, 10. Auflage, S. 398

„Leben ist Begegnung“

2. Advent (Lukas 1,50-53)

„Alles wirkliche Leben ist Begegnung!“[6]

Liebe Gemeinde,

die Worte des jüdischen Religionsphilosophen Martin Buber treffen mitten ins Zentrum unseres Themas für diesen Gottesdienst. In diesen Gedanken wird das ausgedrückt, was Jede und Jeder unter uns jeden Tag erlebt und erfährt: In jeder Begegnung ereignet sich Leben, genauso wie jedes Leben nur echt und wahrhaftig ist, wenn darin Begegnungen stattfinden. Begegnungen sind etwas ganz Besonderes. In manchen stecken besonders viel Kraft, Energie und Dynamik. Das allererste Zusammentreffen mit einem Menschen, bei dem wir spüren, dass die „Chemie“ stimmt, dass sofort Sympathie vorhanden ist. Aus diesen Momenten kann bisweilen eine besondere Begegnung mit Gott entstehen, wie eine russische Legende verdeutlicht:

In einer Nacht hatte Gott den Schuster Konrad im Traum wissen lassen: Morgen werde ich zu dir zu Gast kommen. Nun saß Konrad also in der warmen Stube am Tisch und wartete. Sein Herz war voller Freude. Da hörte er draußen Schritte und schon klopfte es an der Tür. „Da ist er,“ dachte Konrad, sprang auf und riss die Tür auf. Aber es war nur der Briefträger, der von der Kälte ganz rot und blau gefrorene Finger hatte. Konrad ließ ihn ein, bewirtete ihn mit einer Tasse Tee. „Danke,“ sagte der Briefträger, „das hat gut getan.“ Und er stapfte wieder in die Kälte hinaus. Sobald der Briefträger das Haus verlassen hatte, setzte Konrad sich ans Fenster, um seinem Gast entgegenzusehen. Er würde sicher bald kommen. Es wurde Mittag, aber

[6] Alles wirkliche Leben ist Begegnung – hundert Worte von Martin Buber, 2006 3. Auflage, Hrsg. Stefan Liesenfeld, © Verlag Neue Stadt

von Gott war nichts zu sehen. Plötzlich klopfte es wieder an der Tür. Draußen stand ein kleines Mädchen, dem die Tränen über die Wangen liefen. Konrad lud es zu sich ein und erfuhr, dass es seine Mutter im Gedränge der Stadt verloren hatte. Konrad ließ seine Tür unverschlossen, nahm das Mädchen an der Hand und brachte es nach Hause. Er kam erst heim, als es schon dunkelte. Nach kurzer Zeit klopfte es wieder an der Tür. Konrad öffnete und erkannte die Frau, die bei ihm im gleichen Hause wohnte. Sie sah müde und traurig aus. Und er erfuhr, dass sie drei Nächte lang nicht mehr geschlafen hatte, weil ihr Sohn so krank war. Die Frau tat Konrad leid. Sie war ganz allein mit dem Jungen. Und so ging er mit. Konrad saß am Bett des kranken Kindes, während die Frau ein wenig ruhte. Als er endlich wieder in seine Stube zurückkehrte, war es weit nach Mitternacht. Müde und über alle Maßen enttäuscht legte sich Konrad schlafen. Der Tag war vorüber. Gott war nicht gekommen. Plötzlich hörte er eine Stimme. Es war Gottes Stimme. „Danke", sagte die Stimme, „danke, dass ich mich bei dir aufwärmen durfte - danke, dass du mir den Weg nach Hause zeigtest - danke für deinen Trost und deine Hilfe - ich danke dir, Konrad, dass ich heute dreimal dein Gast sein durfte. – Als Konrad das hörte, war er überglücklich."[7]

Liebe Gemeinde,

Gott besucht Konrad ohne himmlische Heerscharen, ohne Glanz und Gloria. Keiner bereitet den Gastgeber auf den besonderen Gast vor. Weder eine überirdische Strahlenkrone, noch ein kostbares Purpurgewand lassen Konrad seinen Gast erkennen. Gott kommt zwar vorbei, aber auf den ersten Blick versteckt und im Verborgenen. Dreimal begegnet der Schuster Gott selbst, doch das erkennt er zunächst nicht. Erst nachdem er Gottes Stimme hört, wird ihm dies klar. Er wärmt den Frierenden. Er begleitet das weinende Mädchen. Er löst die erschöpfte Frau ab und wacht bei ihrem kranken Kind am Bett. Sein Handeln ist konkret und

[7] Gemeindebrief Dezember 2010 – April 2011 der Evangelischen Kirchengemeinden Riegel und Endingen, Seite 2, Verfasserin: Maria Lorentz

unspektakulär. Gerade so aber erweist sich Konrad den Menschen gegenüber als Nächster und empfängt gerade dadurch Gott auf die IHM gebührende Weise.

Liebe Gemeinde,

Advent heißt warten auf die Begegnung mit Gott. Gott kommt auf die Erde – bald. Ja, Gott ist schon da. In einem Menschen sieht Gott uns an und klopft an unsere Tür und das nicht nur jetzt in der Adventszeit. Das wusste auch Maria – und sie erfuhr es in ganz besonderer Art und Weise, weshalb sie unter anderem in ihrem Magnifikat ausruft:

50 Von Generation zu Generation gilt sein Erbarmen denen, die sich ihm unterstellen.

51 Mit starkem Arm hat er seine Macht bewiesen; er hat die in alle Winde zerstreut, deren Gesinnung stolz und hochmütig ist.

52 Er hat die Mächtigen vom Thron gestürzt und die Geringen emporgehoben.

53 Den Hungrigen hat er die Hände mit Gutem gefüllt, und die Reichen hat er mit leeren Händen fortgeschickt.[8]

Liebe Gemeinde,

Maria singt von Gott: Von Gott, der sich nicht heraus hält, sondern in die Welt verwickelt. ER, der handelt und unter uns Menschen seine Welt gestaltet. Maria singt von der »Umkehrung aller Dinge«! Ihre Worte haben eine Überzeugungskraft, die Menschen durch alle Jahrhunderte hindurch in ihrem tiefsten Sein erreicht und ermutigt haben. Ganz sicher behalten sie ihre Gültigkeit auch für die kommenden Generationen. Maria spürt und fasst die noch unfassbare Geburt Jesu – als die Großtat an ihr! – In ihren Worten bricht sich der Jubel Bahn, dass sie »angenommen« und »erhöht« ist. All dies spürt sie in ihrer Begegnung bei und mit ihrer Cousine Elisabeth. Ja, Gott bewirkt – bis zum heutigen Tag – Gewaltiges! Und Gott schenkt

---

[8] Bibeltext der Neuen Genfer Übersetzung – Neues Testament und Psalmen Copyright © 2011 Genfer Bibelgesellschaft. Wiedergegeben mit freundlicher Genehmigung. Alle Rechte vorbehalten

uns Begegnungen, die uns SEIN Handeln und Wirken an uns selbst und den Menschen um uns herum spüren lassen. Weil das so ist, können wir Advent in dem Wissen feiern, dass uns in den Menschen Gott selbst begegnet. Dann spüren wir, dass tief in uns selbst Dunkelheiten und Kummer weichen, noch bevor wir den ersten Lichtschimmer am Horizont erkennen. Anders ausgedrückt: *„Weicht die Nacht dem Tag, wenn wir im Gesicht des Anderen den Bruder oder die Schwester erkennen,“* wie es ein Rabbi seinen Schülern erklärte. *„Solange das nicht der Fall ist, ist die Nacht noch in uns!“*[9]

Gott braucht uns, damit wir in seinem Namen handeln, damit wir die Taten tun, die Jesus getan hat. Wenn wir das erkennen, dann feiern wir Tag für Tag Advent und warten auf die Begegnung mit Gott. Nicht nur in der Gestalt des Kindes in der Krippe, sondern gerade auch in Gestalt der Menschen, die auf ein Lächeln, auf ein gutes Gespräch, eine warme Mahlzeit, auf eine gemeinsame, heilsame Zeit des Zusammenseins warten. Die sich bei uns aufwärmen wollen, weil sie sonst an der Kälte der Welt erfrieren. Die unser Mitgefühl und unsere Hilfe bei der Bewältigung ihrer Sorgen und Bedrängnisse nötig haben. Wenn wir uns darauf einlassen, spüren wir, dass wir täglich Gott begegnen und gewinnen darüber tief in uns eine große Freude.

Ja, dann *„erkennen wir im Gesicht des Anderen den Bruder oder die Schwester, dann weicht die Nacht dem Tag!“* Amen

05. Dezember 2010

---

[9] Auszug aus Morgengedanken in ORF Regionalradios vom 7. 12. 2006 von Pfarrer Andreas Lechner http://religion.orf.at/projekt03/tvradio/ra_morgen/ra_mor061203.htm

„Die Verheißung“

Christmette (Johannes 3, 16 -17)

Liebe Gemeinde,

wann genau ist eigentlich Weihnachten? Wann ist der alles entscheidende Augenblick? Ich erinnere mich an Weihnachtsfeste, als ich noch ein Kind war. Damals war für mich ganz klar, wann der entscheidende Augenblick ist: Es war der Zeitpunkt, wo wir – nach dem Krippenspiel in der Kirche – das weihnachtlich geschmückte, vom Kerzenschein erhellte und nach Bienenwachs duftende Wohnzimmer betreten durften. Nachdem meine Mutter ein Glöckchen erklingen ließ, war es so weit! – Der erste Blick traf den geschmückten, leuchtenden Baum mit seinen Kerzen. Das Wohnzimmer hatte plötzlich eine ganz andere Ausstrahlung und die Weihnachtslieder, die wir mit unserer Mutter spielten und sangen verdeutlichten: Heute ist ein besonderer Tag. Wir Kinder durften bis spät in die Nacht aufbleiben, lesen, musizieren, uns an den Geschenken, die wir unter dem Baum fanden, erfreuen und lauter Dinge essen, die es sonst nie gab.

Auch wenn sich später einiges veränderte – vor allem während meiner Zeit in Afrika: Dieser entscheidende Zeitpunkt blieb mir bis heute erhalten: Weihnachten beginnt in dem Augenblick, wenn sich alle Anspannung lösen kann, weil alle Vorbereitungen abgeschlossen sind und das, was wir als das Fest, als unsere Art zu feiern, ansehen, jeden Augenblick beginnen wird. Für uns als Erwachsene rückt der Zeitpunkt des Beginns von Weihnachten immer mehr nach hinten. Für viele unter uns beginnt Weihnachten mitten in der Nacht zwischen Heilig Abend und erstem Weihnachtstag. Gerade für uns, die wir mitten in der Nacht hierhergekommen sind, um uns dem Geheimnis dieser Nacht zu nähern, ist der entscheidende Augenblick der Zeitpunkt „dazwischen!“

In diesem Moment gehen unsere Gedanken „auf Wanderschaft!“ Habe ich den Menschen, die ich beschenkte, **die** Freude bereitet, die ich ihnen machen wollte? Gleichzeitig frage ich mich, ob jeder Mensch, mit dem ich mich verbunden fühle, das Geschenk, welches das Geburtstagskind – Jesus – seinen Gästen an Heiligabend macht, mit offenem Herzen an- bzw. aufnehmen kann und wird. Dieses Geschenk wird im 3. Kapitel des Evangeliums nach Johannes so beschrieben:

16 Denn Gott hat der Welt seine Liebe dadurch gezeigt, dass er seinen einzigen Sohn für sie hergab, damit jeder, der an ihn glaubt, das ewige Leben hat und nicht verloren geht.

17 Gott hat seinen Sohn nicht in die Welt gesandt, um sie zu verurteilen, sondern um sie durch ihn zu retten.[10]

Liebe Gemeinde,

Gott schenkt uns **sich selbst**. Er wird ein Kind unter Menschen, in dessen Leben eine Liebe heranreift, die uns gesund und heil werden lässt. Eine Liebe, die unser Leben sinnvoll macht und uns „erfüllt sein“ ermöglicht. All das, was mit und aus dem Leben dieses Kindes wird, bringt uns Menschen Gott in einer neuen Qualität nahe. Das ist Gottes großes Angebot. Zugleich wird deutlich, was in diesem Zusammenhang »glauben« heißt: »Vertraue dich dem Leben dieses Kindes an! Verlasse dich darauf, dass in Seinem Leben die Zeichen der Gegenwart Gottes erkennbar werden«.

Wenn wir fragen: »**Wie** kann dies geschehen«, dann ist die Antwort darauf ganz unterschiedlich! Eine Möglichkeit bietet ein Gebet: »Gott, ich vertraue darauf, dass du dich in Jesus Christus auch mir zu erkennen gibst« - eine andere reift durch eine innere Entscheidung: »Ich will am Leben dieses Jesus Christus Anteil erhalten. Ich will mich von seiner Liebe gewinnen lassen, die vor keiner Schuld und Angst zurückweicht«.

[10] Bibeltext der Neuen Genfer Übersetzung – Neues Testament und Psalmen Copyright © 2011 Genfer Bibelgesellschaft. Wiedergegeben mit freundlicher Genehmigung. Alle Rechte vorbehalten

Und wenn wir fragen: „**Wann** kann dies geschehen“, dann ist eine Antwort vielleicht die: „Wenn Weihnachten beginnt, wenn wir etwas vom Geheimnis dieser Nacht spüren!“ Das Angebot Gottes ist kaum zu begreifen. Doch es gilt Jeder und Jedem unter uns, die wir – mit ganz eigenen Bedürfnissen – nach einem ereignisreichen Abend, durch die Nacht hergekommen sind.

Zwischen Abend und Morgen hören wir tief in unserem Inneren die leise werbende Stimme des Engels, der uns – mitten in unsere eigene Situation hinein – die Geburt Jesu verkündet. Der in unserem Innersten lebende Heilige Geist hilft uns, das Geheimnis der Geburt Jesu zu verstehen. ER schenkt uns die innere Bereitschaft, uns heute Nacht für immer diesem Kind anzuvertrauen. Er hilft uns, mit unseren inneren Ohren die Botschaft aufzunehmen: *„Gott hat der Welt seine Liebe dadurch gezeigt, dass er seinen einzigen Sohn für sie hergab, damit jeder, der an ihn glaubt, das ewige Leben hat und nicht verloren geht.“*[11] Dieses Kind, das schon in seinem Namen – Immanuel – die Zusage mitbringt: „Gott **ist mit uns.“**

Ja, das Kind in der Krippe, dem wir heute begegnen, ist ein Zeichen Gottes, dass ER bei uns ist und an unserem Leben teilhaben will. Ein Zeichen seiner großen Liebe!

Wir Menschen glauben etwas davon zu wissen, wie Zeichen der „Liebe“, „Wertschätzung“ oder „Freundschaft“ beschaffen sind. Gerade heute – am Heilig Abend – haben wir auf unterschiedlichste Art und Weise diese Zeichen gesetzt, in dem wir einander beschenkt haben. Solche Signale machen uns froh. Und es ist befreiend und gut, sich gemeinsam in dieser Heiligen Nacht an die wunderbaren Zeichen, die Gott uns für unser Leben schenkt, zu erinnern.

---

[11] Johannes 3,16 – Bibeltext der Neuen Genfer Übersetzung – Neues Testament und Psalmen Copyright © 2011 Genfer Bibelgesellschaft. Wiedergegeben mit freundlicher Genehmigung. Alle Rechte vorbehalten

Die Psalmbeter wussten etwas davon, wie unsere Seele hell wird. Deshalb fordern sie immer wieder die Seele auf, sich an Gottes Taten im eigenen Leben und im Leben anderer Menschen zu erinnern. Und sie rufen immer wieder zur Freude auf: *„Der Himmel soll sich freuen, und die Erde soll jubeln ... wenn der Herr kommt!"*[12]

Deshalb tut es gut, wenn wir ein wenig innehalten, um an die Zeichen der Liebe, die uns Gott in unserem Leben geschenkt hat, zu denken. Ausgehend vom größten Geschenk – der Geburt seines Sohnes – dem Kind in der Krippe, können wir uns fragen, was dies für unser eigenes Leben bedeutet.

Liebe Gemeinde,
im Erinnern wird unsere Seele hell! Je mehr wir Situationen und Erlebnisse unseres Lebens mit Gott in Verbindung bringen, desto enger wird unsere Beziehung zu IHM sein. Und wenn dies gelingt, werden wir zu glücklichen Menschen, die sich von dem Kind in der Krippe beschenken lassen.

Musik die unser innerstes Sein erfüllt, Erfahrungen der Stille, das Lesen und Hören der Weihnachtsbotschaft – all dies hilft uns, ein Gespür für unsere Beziehung zu Gott zu entwickeln. Wenn wir für die Botschaft dieser Nacht unser innerstes Sein öffnen, sie wie Maria in unserem Herzen bewegen, dann lassen wir uns vom Gotteskind beschenken! Gott kommt heute Nacht zu uns und will mit seinem Geist für alle Zeit in uns leben. Wagen wir es doch, uns von Seiner Nähe berühren zu, in seiner Gegenwart zu bleiben, den Glauben zu stärken und Vertrauen zurück zu gewinnen.

---

[12] Psalm 96 Vers 11 + 13 Bibeltext der Neuen Genfer Übersetzung – Neues Testament und Psalmen Copyright © 2011 Genfer Bibelgesellschaft. Wiedergegeben mit freundlicher Genehmigung. Alle Rechte vorbehalten

Die Verheißung dieser Nacht bleibt geheimnisvoll. Sie erinnert uns an das Wunderwirken Gottes, der seinen Friedensplan für uns Menschen, auch durch unsere Schuld hindurch, vollenden wird. Er bleibt Immanuel – der **„Gott ist mit uns."**

So ist „das Kind in der Krippe" die Verheißung schlechthin! – Ein Versprechen der Liebe Gottes, die uns Menschen durch alle Zeiten hindurch auf die niemals endende Nähe Gottes hinweist, bis wir ihn einmal von Angesicht zu Angesicht selbst schauen werden. In diesem Bewusstsein spüren wir: Jetzt beginnt Weihnachten. Amen

24. Dezember 2010

„Zum Neuen Jahr“

Neujahr

Zum neuen Jahr

Wie heimlicher Weise
Ein Engelein leise
Mit rosigen Füßen
Die Erde betritt,
So nahte der Morgen.
Jauchzt ihm, ihr Frommen,
Ein heilig Willkommen,
Ein heilig Willkommen!
Herz, jauchze du mit!
In Ihm sei's begonnen,
Der Monde und Sonnen
An blauen Gezelten
Des Himmels bewegt.
Du, Vater, du rate!
Lenke du und wende!
Herr, dir in die Hände
Sei Anfang und Ende,
Sei alles gelegt!

Eduard Mörike[13]

Liebe Gemeinde,

mit welch zarten, ja beinahe zärtlichen Worten beschreibt Eduard Mörike den kleinen Engel, der die Erde betritt. Den Vertreter einer großen Schar von Boten mit göttlichem Auftrag, die den Himmel mit der Erde verbinden. Von manchen

[13] Projekt Gutenberg.de http://gutenberg.spiegel.de/buch/5525/159

Menschen wurden und werden sie gefürchtet, von den meisten Menschen geliebt und geachtet und dies, obwohl sie überwiegend heimlich, leise und unsichtbar ihren Dienst tun.

Mit heimlichen, leisen und meistens unsichtbaren Wesen haben auch die Isländer zu tun. In Christoph Engels Buch – 1000 heilige Orte[14] – berichtet er von Island, das – vermutlich als einziges Land unserer Gegenwart - eine staatliche Elfenbeauftragte hat: Die gegenwärtige Amtsinhaberin Erla Stefánsdóttir arbeitet für das Bauamt von Reykjavík und ist auch für Lichtfeen, Trolle, Gnome und andere unsichtbare Wesen zuständig. Es geht den Isländern vor allem darum, Wohngebiete der Naturgeister nicht durch Bauvorhaben zu beeinträchtigen. So hat die Elfenbeauftragte – isländisch Álfasögusafni genannt – in Stadtplänen und Karten die Stellen zu markieren, an denen laut Überlieferung Elfen wohnen. Immerhin glauben 60% aller Isländer an Elfen und weitere 30% halten ihre Existenz für möglich. Wo immer also Wohngebiete dieser Naturgeister vermutet werden, darf dort nicht gebaut werden, da die Elfen scheu sind und sie durch Baulärm vertrieben werden könnten. Die Harmonie zwischen Natur und Menschen würde dadurch weiter gefährdet werden. Untersucht wird auch, ob schädliche Erdstrahlungen oder Wasseradern das Bauvorhaben behindern können oder ob bei Straßenbauten durch solche Einflüsse Unfallschwerpunkte geschaffen werden könnten. Isländer vermeiden es, Straßen und Häuser an den Stellen zu bauen, wo Elfen und andere Naturgeister leben, um sie nicht zu stören.

Vielleicht denken Sie jetzt ich würde das Neue Jahr damit beginnen eine Sagen- und Märchenstunde abzuhalten, anstatt im Gottesdienst eine zu recht erwartete, vernünftige Predigt zu halten.

Doch mitnichten! Es verhält sich wirklich so.

---

[14] Christoph Engels, 1000 Heilige Orte Tandem Verlag GmbH 2010, Seite 12

Deshalb stelle ich die Frage: Was wäre, wenn wir in unseren Landesregierungen Engelbeauftragte hätten, die dafür Sorge tragen, dass bei den unterschiedlichsten politischen Entscheidungen weder die Präsenz, noch die Einflussnahme der Engel beeinträchtigt werden?

Was würde sich in unserer Gesellschaft ändern, wenn unsere Landes- und die Bundesregierung die Engel Gottes ernst nehmen und mit ihnen rechnen würden? Schließlich sind es 2/3 aller Deutschen, die an Engel glauben und jeder Zehnte will schon einmal einen gesehen oder gefühlt haben. Ich persönlich denke, es würde sich sehr viel ändern! Wir würden womöglich empfinden, dass zu Beginn dieses Neuen Jahres ein Engelein leise die Erde betritt. Und mit ihm der neue Morgen naht. Wir würden ihm zujubeln, weil wir plötzlich die existierende Welt Gotts, die uns umgibt, mit geschärften Sinnen wahrnehmen könnten.

Ich bin überzeugt davon, dass uns wache Sinne für die uns umgebende, unsichtbare Welt gut tun! Unser Alltag wird sich verändern! Mit neuem Mut gehen wir gelassen auf all das Unbekannte zu, das auf uns wartet. Im Bewusstsein, nicht allein zu stehen, erheben wir unsere Stimme gegen Ungerechtigkeit und arbeiten am Aufbau einer guten und friedlichen Zukunft mit. Jede und Jeder unter uns vermag dies an dem Platz zu tun, an den uns Gott gestellt hat.

Von daher lassen wir uns doch an diesem Morgen einmal auf das Erscheinen der Engel ein. Lassen wir uns von ihnen mitnehmen auf eine Wanderschaft durch unsere Welt. Unsere kleine, überschaubare Welt, die vor unserer Haustür zu finden ist. Lassen wir unsere Gedanken von ihnen beeinflussen!

Mitten in der – durch den Schnee – fast unberührten Natur lässt es sich ahnen, dass Gott uns einen Anfang schenkt, der uns voll Vertrauen in die Zukunft dieses gerade begonnenen Jahres 2011 blicken lässt. ER – *der Monde und Sonnen an den blauen*

Gezelten des Himmels bewegt – ER kann uns raten und helfen die richtigen Entscheidungen für unser Leben zu treffen. Wenn wir ihn unser Geschick lenken lassen, dann entsteht vielleicht die Wende zum Positiven, die wir uns alle erhoffen. Deshalb können wir auch den Ruf Jesu, den uns das Evangelium nach Johannes im 14. Kapitel überliefert hat, mit glaubendem Herzen aufnehmen:

1 Lasst euch durch nichts in eurem Glauben erschüttern!«, sagte Jesus zu seinen Jüngern. »Vertraut auf Gott und vertraut auf mich!
6 »Ich bin der Weg«, antwortete Jesus, »ich bin die Wahrheit, und ich bin das Leben. Zum Vater kommt man nur durch mich.[15]

Liebe Gemeinde,
freudig und unerschrocken können wir in die Zukunft sehen! Denn Jesus Christus ist der Weg, auf dem wir sicher gehen können. Er ist die Wahrheit, die uns hilft, unser Leben in Wahrhaftigkeit zu gestalten und er selbst ist das Leben schlechthin, das wir uns in unseren kühnsten Träumen und tiefsten Sehnsüchten vorstellen. Ja mehr noch, durch ihn gelangen wir zu Gott, unserem Vater, der Quelle unseres Lebens!

Und wenn wir an dieser Quelle auftanken, dann strömt uns neue Kraft, neuer Lebensmut, frische Zuversicht und Hoffnung zu, die uns ruhig werden lassen und positive Erwartungen an dieses vor uns liegende Jahr formulieren lassen. Jede und Jeder für sich kann dies tun. Im Hören von Musik, bei einem Spaziergang, in der Stille eines Augenblicks. Wo auch immer: Ort und Zeitpunkt spielen keine Rolle!

Die Hauptsache ist, dass wir unsere inneren Sinne auf Empfang stellen, um die Impulse des Geistes Gottes wahrzunehmen und womöglich die heimlichen Schritte eines Engels zu erahnen, der leise, mit rosigen Füßen die Erde betritt.

---

[15] Bibeltext der Neuen Genfer Übersetzung – Neues Testament und Psalmen Copyright © 2011 Genfer Bibelgesellschaft. Wiedergegeben mit freundlicher Genehmigung. Alle Rechte vorbehalten

Mögen wir in diesem Jahr mit solchen Momenten, mit mancher Stunde beschenkt werden und in Gottes Hände – Anfang und Ende – ja, alles legen! Amen

01. Januar 2011

„Leben – Melodie der Liebe“

2. Sonntag nach Weihnachten (1. Johannes 5,11-13)

„Draußen vor dem Fenster, ein Schneegestöber; die Bewegung des Windes ist so stark, dass die Flocken fast waagrecht wie kleine Geschosse vorüber fliegen. Ich sitze im Zimmer und höre Mozarts Klavierkonzert Nr. 21 in C-Dur, eine Verlautbarung am Klavier, fern herüberkommend von einem Mann namens Mozart, der gewusst haben muss, dass Musik den zuhörenden Menschen sammelt und zusammenhält, minutenlang, stundenlang. Draußen Schneegestöber, innen Mozart: So könnte es bleiben. ...“[16]

Liebe Gemeinde,
was für ein wunderbares Bild malt uns der Schriftsteller Wilhelm Genazino in seinem Buch: „Der Fleck, die Jacke, die Zimmer, der Schmerz“ vor Augen. Passend für den Anfang des Jahres, in dem sich der nüchterne Alltag wieder zu Wort gemeldet hat! Ja, so könnte es bleiben: Draußen Schneegestöber, innen Mozart“ – draußen die Hektik der Welt, die Probleme des Alltags, in uns eine innere Ruhe, etwas Heiles, Unversehrtes in der Tiefe unseres Seins. Solche Minuten sind erfüllte Zeit, lassen die Ewigkeit ahnen. Mitten im Alltag!

Die Ewigkeit, das ewige Leben ist, wenn ich den Schreiber des Johannesbriefes recht verstehe, keine ferne Zukunft, sondern Teil unseres gegenwärtigen, irdischen Lebens. Dies wird in den wenigen Zeilen deutlich, in denen er über den nachdenkt, dessen Menschwerdung wir gefeiert haben. Ich lese im ersten Johannesbrief aus Kapitel 5 die Verse 11b – 13:

---

[16] Wilhelm Genazino, Der Fleck, die Jacke, die Zimmer, der Schmerz, © Verlag: rororo; 6. Auflage, S. 7

11b ... dass Gott uns das ewige Leben gegeben hat; denn dieses Leben bekommen wir durch seinen Sohn.

12 Wer mit dem Sohn verbunden ist, hat das Leben. Wer nicht mit ihm, dem Sohn Gottes, verbunden ist, hat das Leben nicht.

13 Ich habe euch diese Dinge geschrieben, um euch in der Gewissheit zu bestärken, dass ihr das ewige Leben habt; ihr glaubt ja an Jesus als den Sohn Gottes."[17]

Liebe Gemeinde,
drei knappe Zeilen – in ihnen eine Kraft und Stärke, der wir uns kaum entziehen können. Die letzte bestehend aus 28 einfachen, klaren Worten, deren Bedeutung einem fast den Atem raubt: „*Ich habe euch diese Dinge geschrieben, um euch in der Gewissheit zu bestärken, dass ihr das ewige Leben habt; ihr glaubt ja an Jesus als den Sohn Gottes.*"[18]

Leben wird uns durch Johannes nicht in Aussicht gestellt, sondern er erinnert uns eindrücklich, um es nicht zu vergessen: Wir haben schon das ewige Leben! Das ewige Leben fängt nicht erst nach unserem Tode an. Das Leben ist auch nicht einfach ins Unendliche hinein verlängert. Nein, ewiges Leben ist nach Johannes erfülltes Leben im Hier und Jetzt. Somit geht es nicht um eine zeitliche Dimension, sondern um Qualität des Lebens.

Das ewige Leben ist wie eine Melodie, die unserem Leben zugrunde liegt. Eine Melodie, die jede und jeder unter uns zum Klingen bringen, ja singen soll. Letztlich ist es eine Melodie der Liebe.

Die Liebe Gottes, die uns in dem Kind in der Krippe begegnet, ist wie der Grundton auf dem unsere Lebensmelodie aufgebaut ist. Mitten in unserer Zeit ist und bleibt sie

---

[17] Bibeltext der Neuen Genfer Übersetzung – Neues Testament und Psalmen Copyright © 2011 Genfer Bibelgesellschaft. Wiedergegeben mit freundlicher Genehmigung. Alle Rechte vorbehalten

[18] s. oben (Fußnote [16])

ewig. Diese Liebe begründet die Qualität unseres Lebens und hat ihr Fundament in Jesus Christus. Wer IHN hat, hat das Leben! In seinem Leben und Wirken leuchtet das Leben auf, das von Gott kommt: Blinde sehen, Lahme gehen, den Armen wird die Botschaft der Befreiung verkündet. Bedrückte heben wieder ihren Kopf und gehen aufrecht; Individualisten sehen plötzlich wieder Menschen neben sich; Außenseiter finden neue Gemeinschaft und der Tod hat keine Macht mehr.

Jesu zeigt uns durch sein Leben, dass es mitten in Alltagsnöten eine Dimension von Liebe, von Geborgenheit und Frieden gibt, die wir mit unserem Verstand kaum begreifen können. Wer den Erwählten hat, hat das Leben. Die Gottes Erwählten nicht haben, haben das Leben nicht. – Ein Leben, das von der Liebe Gottes getragen wird. Wer den Sohn hat, der hört in sich seine Lebensmelodie.

„Draußen Schneegestöber und innen Mozart." Die innere Musik sammelt uns Menschen, gerade - wenn draußen Schneegestöber ist! Im Schneegestöber der Welt, des Alltags, wenn uns ein scharfer Wind entgegen bläst, wenn die Kälte uns frösteln lässt, hält die Melodie der Liebe Gottes unser Leben zusammen und trägt uns durch Wind und Wetter.

Manchmal hören wir die Melodie laut und deutlich, so dass wir uns ihr kaum entziehen können. Ein anderes Mal plätschert sie als Hintergrundmusik, die wir nur unbewusst wahrnehmen, durch unser Leben. An anderen Tagen hören wir nur vereinzelte Töne, Dissonanzen und die Musik erreicht uns nicht.

In solchen Momenten herrscht in uns selbst ein Schneegestöber, das unsere Seele erstarren lässt. Dann benötigen wir eine Zeit der Stille, damit sich dieser Sturm legen kann und wir wieder die Melodie in uns hören können. Die Melodie, die unser Leben trägt und zusammenhält. Dann können wir sie zum Klingen bringen. Mit ihr zieht etwas von der Ewigkeit in unser Leben ein. Hier und Jetzt, mitten im Leben.

Die Melodie der Liebe Gottes, die in Jesus Christus in unsere Welt gekommen ist, ist da – völlig unabhängig von Schneegestöbern draußen oder drinnen. Vielleicht gelingt es uns nicht immer, sie zu hören, aber sie ist da und klingt in jeder Zeit durch die ganze Welt. Ewig! Deshalb wisst: *Ihr habt das ewige Leben; ihr glaubt ja an Jesus als den Sohn Gottes.*" Amen

3. Januar 2010

„Gottes Glanz offenbaren“

2. Sonntag nach Epiphanias (Exodus 33,18-23)

Liebe Gemeinde,

es gibt Texte in der Bibel, die machen uns schwer zu schaffen. Wir wissen nicht so recht, was wir mit ihnen anfangen sollen und machen gern um sie einen Bogen. Einen dieser Texte haben wir in der Schriftlesung gehört und er beschäftigt uns heute Morgen im Besonderen.

Wir sind Zeuge eines Gespräches zwischen Gott und Mose. Mose, der an anderer Stelle als Freund Gottes bezeichnet wird, wurde von Gott selbst als Führer seines Volkes ausgewählt, obwohl er weder ein guter Redner noch ein Glaubensheld war. Im Gegenteil: er hatte einen Ägypter erschlagen, er hatte Sprachschwierigkeiten und kämpfte immer wieder mit Glaubenszweifeln. Doch Gott machte aus ihm einen Führer, der sein Volk aus Ägypten, durch die Wüste an die Schwelle des gelobten Landes führte. Das war nur möglich, weil er täglich im engen persönlichen Gespräch und damit in Kontakt mit Gott stand.

Von daher wundert es nicht, dass dieser Mose nicht locker lässt und Gott gegenüber einen regelrechten Forderungskatalog erhebt: Er möchte Gottes Pläne erfahren, er wünscht sich, dass Gott ganz persönlich ihn und sein Volk begleitet. Und als Steigerung all dessen möchte er die „kabod,“ die Herrlichkeit, die Schwere Gottes, die beeindruckende Vision der majestätischen Pracht Gottes, seinen Glanz und damit ihn selbst sehen. Ich lese im Buch Exodus im 33. Kapitel die Verse 18 – 23:

18 *Nun bat Mose den HERRN: »Lass mich doch den Glanz deiner Herrlichkeit sehen!«*

19 *Der HERR erwiderte: »Ich werde in meiner ganzen Pracht und Hoheit an dir vorüberziehen und meinen Namen 'der HERR' vor dir ausrufen. Es liegt in*

meiner freien Entscheidung, wem ich meine Gnade erweise; es ist allein meine Sache, wem ich mein Erbarmen schenke.

20 *Trotzdem darfst du mein Gesicht nicht sehen; denn niemand, der mich sieht, bleibt am Leben.«*

21 *Weiter sagte der HERR: »Hier auf dem Felsen neben mir kannst du stehen.*

22 *Wenn meine Herrlichkeit vorüberzieht, werde ich dich in einen Felsspalt stellen und dich mit meiner Hand bedecken, bis ich vorüber bin.*

23 *Dann werde ich meine Hand wegnehmen und du kannst mir nachschauen. Aber von vorn darf mich niemand sehen.«* [19]

Liebe Gemeinde,
im Alter von 25 Jahren schreibt Dietrich Bonhoeffer in einem Brief: *»Ich bin jetzt Studentenpfarrer an der Technischen Hochschule, wie soll man diesen Menschen solche Dinge predigen? Wer glaubt denn das noch? Die Unsichtbarkeit macht uns kaputt ... dies wahnwitzige dauernde Zurückgeworfen sein auf den unsichtbaren Gott selbst – das kann doch kein Mensch mehr aushalten«!*[20]

Nun, gerade heute Morgen müssen wir dies aushalten! Die dramatische Unterredung Moses und seine Vermittlerrolle zwischen dem Volk und seinem Schöpfer zeigen einen offenen Weg im Dialog. Nicht ein blindes Schicksal entscheidet über Sinn und Zukunft des Weges, sondern die nicht geschuldete, aber verbindliche Treue Gottes gegenüber Fragenden und Unsicheren.

Das hebräische Wort „Herrlichkeit" kommt vom Wortstamm „schwer sein," etwas was gewichtig und bedeutsam ist. Wenn Mose also Gott bittet, dass er seine Herrlichkeit sehen darf, dann meint er damit: „Ich möchte Gott so sehen, dass mir

---

[19] Gute Nachricht Bibel, revidierte Fassung, durchgesehene Ausgabe in neuer Rechtschreibung, © 2000 Deutsche Bibelgesellschaft, Stuttgart.

[20] Dietrich Bonhoeffer, Gesammelte Schriften, Erster Band, Seite 61, herausgegeben von Eberhard Bethge, © München, Chr. Kaiser Verlag, 1958.

sofort klar ist, dass ER das Wichtigste auf der Welt ist.“ Diese Wünsche gibt es bis heute. Wahrscheinlich sind sie so alt wie die Menschheit. Denn wer wollte nicht einfach Gott am liebsten Aug’ in Auge gegenüberstehen und ihn alles fragen, was unklar, unverständlich und womöglich hoffnungslos erscheint! Dann wären doch alle Zweifel beseitigt und alle Menschen würden an Gott glauben.

Doch selbst Mose muss begreifen, dass er Gottes Angesicht nicht schauen kann. Sicher, er bekommt die Gegenwart Gottes auf ganz besondere Art und Weise zu spüren. Aber Gott Aug’ in Auge gegenüberzustehen, das würde ihn umbringen. Kein Mensch, auch Mose nicht, kann Gott direkt gegenübertreten.

Wir können Gott erst sehen, wenn er gehandelt hat. Wir sehen seine Taten und sein Wirken in der Welt. Und nur in seiner Wirkung kann Gott erkannt werden. Genau so verhält es sich mit der Sonne. Wir können nicht direkt in die Sonne sehen, ohne zu erblinden. Doch wir können ihre Wirkung erfahren und darüber ins Staunen geraten. Dabei ist die Sonne nur ein kleiner Teil der Schöpfung, ein kleiner Funke eines großen Feuers. Gott selbst ist noch viel größer! Wir müssen IHN demgemäß mit anderen Augen suchen!

Gott antwortet Mose, indem er ihm verdeutlicht, was von ihm sichtbar ist: seine Güte, seine Gnade und sein Erbarmen. Und seinen Namen macht ER bekannt. Als letztes aber verdeutlicht ER ihm, dass bei Gott Platz, Raum ist – für Mose und letztlich für jeden Menschen, der diesen Wunsch äußert.

Liebe Gemeinde,
wir sehnen uns nach dem zugewandten Gesicht Gottes, nach seinem Glanz, seiner Herrlichkeit. Doch unsere Vorstellungen verstellen uns oft den Blick für Gottes Gesicht. So erkennen wir IHN nicht sofort, weil wir IHN so, wie es uns begegnet, nicht vermuten. Von daher gibt es Situationen, in denen Gottes Herrlichkeit

womöglich ganz nah an uns vorüber geht, ohne dass wir es bemerken. Erst rückwirkend erkennen wir, dass wir Gott begegnet sind.

Wir erwarten, dass uns Gott mit Glanz und Gloria begegnet. Obwohl wir seit Weihnachten wissen könnten, dass Gott immer wieder im Stillen, an unscheinbaren Orten gegenwärtig war und ist. Er selbst kam in einer Höhle, fern des Königspalastes inmitten von Armut und Elend als kleines Kind zur Welt.

Deshalb können wir Gottes Angesicht auch überall da finden, wo Außenseiter, Hilflose, Entrechtete, Kranke, Einsame zu finden sind! Wenn wir in unserer Welt wachsam sind und Gott in Allem und jeder Situation suchen – in Freude und Schmerz, inmitten von Reichtum genauso wie in der armseligsten Behausung, in Licht und Dunkelheit – werden wir IHN entdecken!

Lassen Sie uns gemeinsam – mit offenen Augen durch die uns anvertraute Welt gehen – und nach Spuren Gottes Ausschau halten! Vielleicht können wir dann mit der amerikanischen Schriftstellerin Marianne Williamson sagen: *»Wir sind geboren, um den Glanz Gottes zu offenbaren, der in uns ist. Gottes Glanz ist nicht nur in wenigen von uns, Gottes Glanz ist in jedem Menschen. Wenn wir unser eigenes Licht scheinen lassen, so geben wir andern ebenfalls die Erlaubnis, ihr Licht scheinen zu lassen. Wenn wir uns von unserer eignen Angst befreien, befreien wir mit unserer Gegenwart auch andere.«*[21] Amen

16. Januar 2011

---

[21] Marianne Williamson: Rückkehr zur Liebe: Harmonie, Lebenssinn und Glück durch „Ein Kurs in Wundern“ Goldmann Verlag, Auflage 5 © 1993, S. 180 – Nelson Mandela, zitierte 1994 diese Worte Marianne Williamsons bei seiner Antrittsrede als Präsident Südafrikas.

„Glauben leben“

Okuli (Markus 12,41-44)

Liebe Gemeinde,

wenn wir in uns, nach dem schrecklichen Erdbeben und dem Tsunami, der die Menschen in Japan getroffen hat, die Bilder vor Augen führen, dann stehen uns Gesichter von Jungen und Alten vor Augen, die alles Unglück und ihre Verzweiflung ahnen lassen. Hat sich doch ihr Leben von einem Moment zum anderen verändert. Sie stehen vielfach vor dem absoluten Nichts, aus dem ein Neuanfang gewagt werden muss. Gleiches gilt natürlich auch für die Menschen in Libyen und die Tausenden, die sich auf der Flucht vor den Repressalien des Regimes von Muammar al Gaddafi befinden. Dennoch gibt es von vielen dieser Menschen Berichte, die zeigen, dass sie sich nicht aufgeben, sondern sich mit aller Energie für einen Neuanfang einsetzen und daran glauben, dass dieser gelingen kann. Sie helfen sich gegenseitig, nicht den Mut zu verlieren und teilen das Wenige, das sie haben. Für mich ein Gleichnis dafür, was es heißen kann, das größere Wohl, statt das eigene Fortkommen bzw. die eigene Befindlichkeit im Auge zu haben. Dies lernen auch die Jünger und Jüngerinnen auf ihrem Weg mit Jesus, indem er ihnen vorlebt, was es heißt, die Menschen und ihre Umgebung mit Augen der Liebe wahrzunehmen, wie es auf den ersten oder oberflächlichen Blick unmöglich ist. Ein Beispiel dafür steht im Evangelium nach Markus im 12. Kapitel. Ich lese die Verse 41 – 44:

41 Jesus setzte sich im Tempel in die Nähe des Opferkastens und sah zu, wie die Leute Geld hinein warfen. Viele Reiche gaben große Summen.

42 Doch dann kam eine arme Witwe und warf zwei kleine Kupfermünzen hinein (das entspricht etwa einem Groschen).

43 Da rief Jesus seine Jünger zu sich und sagte: »Ich versichere euch: Diese arme Witwe hat mehr in den Opferkasten gelegt als alle anderen.

44 *Sie alle haben aus ihrem Überfluss gegeben; diese Frau aber, so arm sie ist, hat alles gegeben, was sie besaß – alles, was sie zum Leben nötig hatte«.*[22]

Liebe Gemeinde,
Jesus sieht im Tempelhof die verschiedenartigsten Menschen kommen und gehen. Dort stehen wie Posaunen geformte Opferkästen. Da hinein konnte man freiwillige Gaben für Arme und Bedürftige einwerfen. Warf jemand besonders viel ein, wurde für seine großzügige Gabe im Tempel die Posaune geblasen. Alle konnten hören und sehen, wer da so großzügig gewesen war – ein damals üblicher Umgang mit den Gebern. Reiche konnten sich auf diese Art und Weise ganz besonders in Szene setzen, waren womöglich durch ihre Gaben das Gesprächsthema der Leute, die das mitbekamen.

Eine ähnliche Haltung ist auch uns nicht so fremd. Denken wir nur an Plaketten an Kirchenbänken, -türen oder anderen Plätzen, die auf den Spender, die Spenderin hinweisen.

Doch das Beispiel der armen Witwe, die umgerechnet gerade Mal 1/2 Cent opfert, stimmt nachdenklich. Wir fragen uns, was uns wichtig ist! Sehen wir noch mit dem Herzen oder haben wir das ein Stück weit verlernt? Wird doch gerade in unserer Gesellschaft besonders viel Wert auf Äußerlichkeiten gelegt. Das fängt schon in der Schule an. Eltern können davon „Lieder singen!“ Kein Kind, das sich nicht mit anderen vergleicht. Markennamen sind gefragt und NoName-Produkte für viele Menschen oft genug problematisch! Wie oft werden Klassenkameraden ausgegrenzt, weil sie nichts „her machen,“ nicht mithalten können. Und das betrifft bei weitem nicht nur Kinder von Arbeitslosen. Wie eine ungeheure Macht bestimmen Outfit und Geld schon das Leben der Kinder und Jugendlichen.
Armut, Elend, wirkliche Not erleben sie und wir oft genug nur aus den Medien, wenn

---

[22] Bibeltext der Neuen Genfer Übersetzung – Neues Testament und Psalmen Copyright © 2011 Genfer Bibelgesellschaft. Wiedergegeben mit freundlicher Genehmigung. Alle Rechte vorbehalten

über Katastrophen berichtet wird. Armut im eigenen Land – ein Tabuthema, das die Betroffenen oft genug aus falscher Scham heraus verschweigen.

Mit dieser Haltung aber geht vielfach die Hilfsbereitschaft für Bedürftige in unserem eigenen Land verloren. Arnd Brummer, Chefredakteur der Zeitschrift „Chrismon" beschrieb dieses Phänomen in einem Vortrag in Rüsselsheim am 16. 6. 2010 mit folgendem prägnanten Satz: *„Die Besserverdienenden, die etwas abgeben sollen, sind immer die, die 200 € mehr verdienen als wir."* Und wenn wir ehrlich sind, sind das oft genug Gedanken, die uns nicht fremd sind. Zuerst sollen die etwas geben, die viel, oder unserer Meinung nach, zu viel verdienen. Erst soll die Ungerechtigkeit bei denen aufhören, die viel mehr verdienen als wir. Dass – gemessen an der Not dieser Welt – jeder von uns viel mehr verdient als andere, blenden wir dabei aus.

Jesus führt uns vor Augen, mit welchen Augen ER sieht. Für ihn legt eine Frau – die jedes Geldstück mehrfach herumdrehen muss, bevor sie es ausgibt – eine Gabe in den Opferkasten. Eine Frau, die kaum weiß, wie sie diesen oder gar den morgigen Tag erleben wird, gibt das letzte bisschen Geld, das sie hat, für den Tempel und für die Armen. Ihr ist es egal, dass für sie keine Posaune bläst, dass womöglich hinter ihrem Rücken getuschelt wird. Jesus aber sieht sie wirklich. Er spricht darüber mit seinen Nachfolgern: Seht hin, seht euch diese Frau an! Sie hat mehr gegeben als alle anderen. Sie gab nicht nur etwas von ihrem Überfluss. Nein, sie hat alles gegeben, was sie zum Leben hatte, ohne zu überlegen, was danach kommt.

Jesus urteilt nicht nach dem äußeren Schein. Er wertet den Menschen nicht nach seinem Reichtum. Sein Maßstab ist die Herzensgüte, das Maß an Liebe und Hingabe, mit dem etwas geschieht. Und dabei geht es ihm um die grundsätzliche Einstellung zum Leben, die wir Menschen uns zu Eigen machen!

Jesus erkennt in dieser Frau einen Menschen, der den Glauben bis ins Tiefste hinein lebt. Eine Frau, die in der Tiefe ihres Seins so großes Vertrauen in Gott hat, dass sie ihr Leben vollkommen an IHN hingibt. Sie hat keine andere Sicherheit mehr. Von Menschen erwartet sie weder Hilfe noch beansprucht sie diese. Denn sie weiß sich in ihrer Gesellschaft, in der Witwen rechtlos sind, einsam und ohne Rechte vor den Menschen. Nur das Vertrauen in Gottes Hilfe lässt sie diesen Tag leben und den nächsten Tag erwarten. Und das letzte, was ihr aktiv möglich ist, ist das Schenken für noch Ärmere. Was könnte größeres Vertrauen in Gott, größeren Glauben ausdrücken als diese Geste?

Liebe Gemeinde,
von Jesus können, ja müssen wir lernen was es heißt – mit dem Herzen zu sehen! Denn – wie schon der kleine Prinz es äußert: *„Man sieht nur mit dem Herzen gut!“*[23]

Es gibt nichts Wichtigeres, was wir weitergeben, nichts Besseres, wozu wir einander ermutigen können. Denn nur dann werden Leid, Nöte und Sorgen dieser Welt erträglich und können gelöst werden. Einfach deshalb, weil wir in der richtigen Art und Weise erkennen, was Not tut und was im entscheidenden Moment getan werden muss.

Lassen wir in unseren Überlegungen einmal Geldfragen hinter uns. Wenden wir unseren Blick der Solidarität zu, die momentan wieder neu in Deutschland diskutiert wird. Zum einen steht die Frage im Raum, wie sich unser Land innerhalb der Völkergemeinschaft verhalten soll, wenn es um Resolutionen und in Folge dessen um militärische Einsätze in anderen Staaten geht. Zum anderen erleben wir durch die Ereignisse in Japan die Belebung der Atomstromdebatte und stellen uns die Frage nach einer verantwortungsvollen Energiepolitik. Ich gebe zu: Angesichts der Ereignisse, die uns derzeit in Deutschland beschäftigen, erhält der Begriff „Opferkasten“ eine ganz andere, fast erschreckende Bedeutung! Denn wir müssen uns fragen, welche Opfer wir zu bringen bereit sind! Sind wir mutig genug und

---

[23] Antoine de Saint Exupéry: Der kleine Prinz, Verlag Heyne, Allgemeine Reihe, 3. Auflage, S. 100
© 1956 by Karl Rauch Verlag KG, Düsseldorf

bereit, auf Annehmlichkeiten zu verzichten, indem wir weniger Strom verbrauchen, diesen teurer bezahlen, andere Formen der Energiegewinnung unterstützen, die uns und kommenden Generationen weniger Probleme bereitet? Reihen wir uns in eine Völkergemeinschaft ein, die als politisches Mittel durchaus militärische Gewalt einsetzt, wenn auch nicht nur aus hehren Zielen?

Solidarität kann unbequem sein und uns manches Dilemma bescheren. Welche Überzeugung hat für uns ethisch gesehen Vorrang? Keine Gewalt anzuwenden oder ein ganzes Volk einem brutalen Despoten zu überlassen? Den Lebensstandard zu erhalten oder auf billigen Strom zu verzichten? So können wir die uns erzählte Geschichte der Witwe auch als Aufruf an uns verstehen, uns die Frage zu stellen, was uns das Leben wert ist – nicht nur das eigene, sondern im Besonderen auch das der anderen! Ich glaube kaum, dass wir eine einfache Antwort auf diese Frage erhalten. Aber indem wir sie stellen und darüber nachdenken, bringt sie uns sicherlich ein gutes Stück weiter.

Was aus dieser Witwe wurde, wird uns nicht berichtet. Aber wir erkennen, wie grenzenlos groß ihr Vertrauen und ihre Hingabe an Gott war. In Jesu Augen lebte sie beispielhaft ihren Glauben. Letztlich in der Gesinnung, die ihn selbst beseelte und die er den Menschen damals bis heute nahe bringen will. Ein Glaube, den er selbst gelebt hat. Ein Glaube, der sich ganz und gar in der Liebe zu den Menschen und im Vertrauen auf Gott hingibt.

Wenn ich eine Bitte an den in uns lebenden Geist Gottes habe, dann die, uns selbst in unserem tiefsten inneren Sein zu solchem Glauben zu ermutigen! Amen

27. März 2011

„Herausforderungen annehmen“

Judika (Genesis 22,1-13)

1 *Nach diesen Ereignissen stellte Gott Abraham auf die Probe. Er sprach zu ihm: Abraham! Er antwortete: Hier bin ich.*

2 *Gott sprach: Nimm deinen Sohn, deinen einzigen, den du liebst, Isaak, geh in das Land Morija und bring ihn dort auf einem der Berge, den ich dir nenne, als Brandopfer dar.*

3 *Frühmorgens stand Abraham auf, sattelte seinen Esel, holte seine beiden Jungknechte und seinen Sohn Isaak, spaltete Holz zum Opfer und machte sich auf den Weg zu dem Ort, den ihm Gott genannt hatte.*

4 *Als Abraham am dritten Tag aufblickte, sah er den Ort von weitem.*

5 *Da sagte Abraham zu seinen Jungknechten: Bleibt mit dem Esel hier! Ich will mit dem Knaben hingehen und anbeten; dann kommen wir zu euch zurück.*

6 *Abraham nahm das Holz für das Brandopfer und lud es seinem Sohn Isaak auf. Er selbst nahm das Feuer und das Messer in die Hand. So gingen beide miteinander.*

7 *Nach einer Weile sagte Isaak zu seinem Vater Abraham: Vater! Er antwortete: Ja, mein Sohn! Dann sagte Isaak: Hier ist Feuer und Holz. Wo aber ist das Lamm für das Brandopfer?*

8 *Abraham entgegnete: Gott wird sich das Opferlamm aussuchen, mein Sohn. Und beide gingen miteinander weiter.*

9 *Als sie an den Ort kamen, den ihm Gott genannt hatte, baute Abraham den Altar, schichtete das Holz auf, fesselte seinen Sohn Isaak und legte ihn auf den Altar, oben auf das Holz.*

10 *Schon streckte Abraham seine Hand aus und nahm das Messer, um seinen Sohn zu schlachten.*

11 *Da rief ihm der Engel des Herrn vom Himmel her zu: Abraham, Abraham! Er antwortete: Hier bin ich.*

12 *Jener sprach: Streck deine Hand nicht gegen den Knaben aus und tu ihm nichts zuleide! Denn jetzt weiß ich, dass du Gott fürchtest; du hast mir deinen einzigen Sohn nicht vorenthalten.*

13 *Als Abraham aufschaute, sah er: Ein Widder hatte sich hinter ihm mit seinen Hörnern im Gestrüpp verfangen. Abraham ging hin, nahm den Widder und brachte ihn statt seines Sohnes als Brandopfer dar.*

14 *Abraham nannte jenen Ort Jahwe-Jire (Der Herr sieht), wie man noch heute sagt: Auf dem Berg lässt sich der Herr sehen.*[24]

Liebe Gemeinde,
der heutige Sonntag Judika betont den Gehorsam dem Gott gegenüber, der seinen Kindern Recht schafft. In allen vorgeschlagenen Texten geht es letztlich um die Frage, wie wir Gottes Gebote beantworten. Manche Geschichte geht uns regelrecht unter die Haut, was auch für unseren Predigttext gilt, der für viele Menschen unerträglich scheint. So sind einige Vorbemerkungen unerlässlich.

Von Beginn an berichten uns biblische Erzählungen von Bewährungsproben Gottes, die den Glauben und die Treue eines Menschen messen. Das Gebot, nicht vom Baum der Erkenntnis zu essen, noch vor dem großen Regen die Arche zu bauen, in Ägypten Kanaans Hungersnot zu überstehen oder der Botschaft der 3 Engel zu glauben, die Abraham und Sarah trotz hohen Alters den verheißenen Sohn ankündigen. Wir hören von Versagen oder Bewährung der „Prüflinge", zur Mahnung oder Ermutigung für die Bewährungsproben, die uns selbst und unseren Glauben treffen.

Auch wenn wir heute von vorneherein das gute Ende kennen, traf es Abraham selbst mit aller Härte. Für ihn enthält der Befehl Gottes etwas Unbegreifliches: Der von Gott verheißene Nachkomme soll IHM im Opfer wieder zurückgegeben werden. Und das, obwohl die Nachkommen Abrahams durch Gott selbst mit Isaak verknüpft

---

[24] Einheitsübersetzung der Heiligen Schrift © 1980 Katholische Bibelanstalt, Stuttgart

wurden. Abraham verliert mit dem Auftrag Gottes schlagartig seine Zukunft. Es geht um seinen Sohn, seinen Einzigen, den er liebt.

Dennoch wird uns mit keiner Silbe von einem etwaigen Aufbegehren berichtet. Nein, Abraham gehorcht und macht sich mit seinem Sohn auf den Weg. Offensichtlich hat er gelernt: Es kommt in seiner Gottesbeziehung nicht darauf an, dass er die Wege Gottes versteht. Es ist nicht möglich, dass er sich den Willen Gottes so zurechtlegt, wie es ihm passt und wie er es sich vorstellt. Es kommt in jedem Schritt nur darauf an, dass er den Willen Gottes erkennt und tut. Diese Haltung hat er in seinem langen Warten auf Isaak, am Festhalten an der Verheißung Gottes gelernt. Und er hat für sich begriffen, unter welchen Bedingungen sich Gottes Wille erweist, nämlich dann, wenn er auf ihn hört und ihm vertraut. Nur so ist es möglich, Gottes Willen zu respektieren, zu erfüllen und »für viele zum Segen« zu werden. Abraham ist ein »Diener Gottes«, der bereit ist, sich auch gegen seine Familie und Freunde zu stellen und wider alles menschliche Begreifen auf Gott zu vertrauen. So macht er sich mit Isaak auf diesen unvorstellbaren Weg! 3 Tage ist er mit ihm unterwegs. Und obwohl wir nicht in Abrahams Innerstes sehen können, spüren wir das Quälende dieses Ganges. Dessen ungeachtet bleibt Abrahams Gehorsam fest. Schweigend legen Vater und Sohn den Weg zurück, da es für sie kein zurück mehr gibt. Nur kurz unterbricht Isaak das Schweigen durch seine Frage nach dem Brandopfer und zeigt dadurch, dass auch er sich so seine Gedanken macht. Aber auch bei ihm ist keinerlei Auflehnung, kein Aufbäumen zu bemerken. Er ordnet sich dem Willen seines Vaters genauso unter, wie sich Abraham selbst dem Willen Gottes beugt.

Und das bleibt bis zum Schluss so. Abraham baut den Altar, schichtet das Holz darauf, bindet Isaak, legt ihn oben drauf, streckt die Hand aus und nimmt das Messer. Alles schweigend und bis zum Letzten bereit, auch das unverständlichste Gebot Gottes, das ihm abverlangt wird, zu erfüllen. Schweigend, aber nicht blindlings, ohne nachzudenken. Schweigend im Vertrauen auf Gott, dass dieser doch weiß, was er verlangt und tut. Unbewusst hatte Abraham dieses Vertrauen schon einmal, als Isaak ihn nach dem Brandopfer fragte, indem er antwortete: *„Gott wird sich das Opferlamm aussuchen, mein Sohn."* Doch auf dem Berg, da ist Abraham zum Letzten entschlossen und will sich Gottes Willen beugen. Und diese Haltung zeichnet Gott aus, indem er durch seinen Engel das erlösende Wort spricht: *„Jetzt weiß ich, dass du Gott fürchtest!"*

Ja, Abraham erwies sich den göttlichen Geboten gegenüber als gehorsam. Er, der wie kaum ein anderer mit Gott direkt reden konnte, debattierte nicht mit Gott, haderte nicht mit seinem Schicksal, sondern war bereit, sich ganz in Gottes Hand zu geben. Sein Vertrauen war größer als seine Angst und sein Unverständnis.

Indem sein Vertrauen, sein Gehorsam sozusagen, von Gott geadelt wird, da sieht Abraham den Widder, der vielleicht schon die ganze Zeit da war, aber erst jetzt Abraham zur Verfügung steht. Mit seinem Gehorsam Gott gegenüber erhält Abraham Augen, die ihm ermöglichen, ganz neu zu sehen, weshalb er dem Ort einen Namen gibt: „Jahwe sieht". So wurde jener Ort für seine Nachkommen ein Platz der Erinnerung. Diese Erinnerung macht bis heute ein Nachdenken möglich, was Gehorsam im Vertrauen bewirken kann.

Deshalb, liebe Gemeinde, ist es erforderlich, dass auch wir uns positionieren und selbst entscheiden, wie wir auf Gottes Gebote reagieren. Denn auch wir sind aufgerufen, uns dem Ruf Gottes zu öffnen und ihm zu gehorchen. Doch dürfen wir Gehorsam Gott gegenüber nicht mit blindem Gehorsam verwechseln, der leicht zum Fanatismus wird. Ganz besonders deutlich wird dies an den so genannten Selbstmordattentätern. Ein alter Händler aus Bethlehem, dessen Sohn sich in die Luft sprengte, kommentierte dies wie folgt: *„Ich lobte Allah, als ich hörte, dass mein Sohn für die Sache Allahs und für unser Heimatland gestorben ist"!*[25]

---

[25] Jerusalem Post 22. November 2002, Autor Khaled Abu Toameh

Solche Einstellungen sind leider keine Seltenheit. Und das Erschreckende daran ist, dass fanatische Erwachsene im nahen Osten sogar Kinder an die vorderste Front schicken. Sie verbinden dies mit dem Hinweis, dass sie schon in jungen Jahren der Sache Allahs dienlich sein können und mit ihrer Bereitschaft zu sterben, als so genannte Märtyrer einen besonderen Platz im Himmel erwerben. Selbst führende islamische Theologen widersprechen mit allem Nachdruck diesem Aufblühen einer lebensfeindlichen Opfergesinnung. Denn eine politische Nutzung des Opfergedankens ist nicht statthaft. Doch wie wir täglich in den Nachrichten feststellen, finden sie kein Gehör. Gehorsam darf niemals blind und ohne Nachdenken erfolgen. Dies machen leidvolle Erfahrungen in allen Kriegen, die je geführt wurden, mehr als deutlich. Gott selbst hat mit Jesus Christus, der sich selbst am Kreuz als letztes Opfer dahingab, jedem weiteren Opfer den Sinn genommen. Der Gekreuzigte ist für alle Zeiten das allein gültige Opfer, wie es der Hebräerbrief beschreibt: *„Wo aber die Sünden vergeben sind, ist kein weiteres Opfer mehr nötig dafür."*[26] Deshalb sind wir aufgerufen, uns immer wieder neu die Zeit zu nehmen, die Stille zu suchen, um mit Gott unmittelbar in Kontakt zu treten. Dann wird er uns durch seinen Geist leiten und uns zeigen, was er von uns will. Und Gottes Geist wird uns zeigen, wo unsere Gedanken und Vorstellungen von unserem Leben dem göttlichen Willen entsprechen oder ihm entgegenstehen.

Dann sind auch wir fähig, Gottes Willen zu befolgen: Im Vertrauen darauf, dass er uns nicht mehr zumutet, als wir tragen können und im Wissen, dass Gott selbst das größte Opfer gebracht hat, indem Jesus Christus an unserer Stelle alle Schuld auf sich genommen und gesühnt hat.

Wir sind aufgerufen, wie Gott selbst genau hinzusehen und unsere Augen nicht vor den Herausforderungen unserer Zeit zu verschließen. Wenn wir bereit sind, Gott mehr als den Menschen zu gehorchen, dann bekommen wir von IHM sicher Augen

---

[26] Bibeltext der Neuen Genfer Übersetzung – Neues Testament und Psalmen Copyright © 2011 Genfer Bibelgesellschaft. Wiedergegeben mit freundlicher Genehmigung. Alle Rechte vorbehalten

geschenkt, die erkennen können, was ER selbst für uns bereithält. Dann ist der Weg frei, auch in der heutigen Zeit Opfer zu bringen und Glaubensgehorsam vorzuleben. Amen

13. März 2005

„Das Ziel vor Augen“

Gründonnerstag (Hebräer 2,10-18)

Liebe Gemeinde,

“Wer vom Ziel nicht weiß, kann den Weg nicht haben.”[27] - Diese Worte Christian Morgensterns beschäftigen mich gerade in den zurückliegenden Wochen immer wieder. Ist es nicht so, dass die Bereitschaft größer ist, auch Hindernisse und Beschwernisse auf einem Weg zu ertragen, wenn wir das Ziel des Weges kennen, wissen, was uns am Ende und welche Stationen uns unterwegs erwarten? Kennen wir hingegen das Ziel nicht, beklagen wir die kleinste Anstrengung und sehnen ständig das Ende einer Wegetappe herbei. Auch an Weggabelungen können wir nur dann vertrauensvoll die neue Richtung einschlagen, wenn uns bekannt ist, wo wir ankommen wollen. Jesus ist Sinnbild des Menschen, der sein Ziel genau kannte und somit seinen Weg kontinuierlich verfolgte und beschritt. Davon berichtet auch der Schreiber des Hebräer-Briefes. Ich lese aus Kapitel 2 die Verse 10 - 18:

10 Weil Gott wollte, dass viele Kinder Gottes in sein herrliches Reich aufgenommen werden, hat er den, der sie zur Rettung führen sollte, durch Leiden zur Vollendung gebracht. Das war der angemessene Weg für Gott, den Ursprung und das Ziel von allem.

11 Denn der Sohn, der die Menschen Gott weiht, und die Menschen, die von ihm Gott geweiht werden, stammen alle von demselben Vater. Darum schämt der Sohn sich nicht, sie seine Brüder zu nennen.

12 Er sagt zu Gott: »Ich will dich meinen Brüdern bekannt machen; in der Gemeinde will ich dich preisen.«

[27] Christian Morgenstern: Wir fanden einen Pfad - Projekt Gutenberg.de
http://gutenberg.spiegel.de/buch/322/4

13 *Er sagt auch: »Ich will mein Vertrauen auf Gott setzen!«, und fährt fort: »Hier bin ich mit den Kindern, die Gott mir gegeben hat.«*

14 *Weil diese Kinder Menschen von Fleisch und Blut sind, wurde der Sohn ein Mensch wie sie, um durch seinen Tod den zu vernichten, der über den Tod verfügt, nämlich den Teufel.*

15 *So hat er die Menschen befreit, die durch ihre Angst vor dem Tod das ganze Leben lang Sklaven gewesen sind.*

16 *Nicht für die Engel setzt er sich ein, sondern für die Nachkommen Abrahams.*

17 *Deshalb musste er in jeder Beziehung seinen Brüdern und Schwestern gleich werden. So konnte er ein barmherziger und treuer Oberster Priester für sie werden, um vor Gott Sühne zu leisten für die Sünden des Volkes.*

18 *Weil er selbst gelitten hat und dadurch auf die Probe gestellt worden ist, kann er nun den Menschen helfen, die ebenfalls auf die Probe gestellt werden.*[28]

Als Ziel aller Dinge hatte Jesus stets Gott vor Augen und ging in grenzenlosem Vertrauen vorbehaltlos seinen Weg. Dieser Weg war von Anfang an bedroht. Zuerst durch König Herodes, der aus Angst seine Macht zu verlieren, den Kindermord in Bethlehem anordnete. Deshalb musste Jesus mit seinen Eltern nach Ägypten fliehen. In seiner Heimatstadt Nazareth wurde er fast gesteinigt. Von seiner Mutter und seinen Geschwistern wurde er zu Lebzeiten wenig verstanden, ja zeitweise stand er in Gefahr, für verrückt erklärt zu werden. Er war in seinen letzten Lebensjahren ständig auf Wanderschaft und wusste nie, wo er sein Haupt zur Nacht niederlegen konnte. Ja, selbst seine engsten Freunde, die Jünger, verstanden ihn nur begrenzt. Den religiösen Führern seines eigenen Volkes war er von Beginn seiner Lehrtätigkeit an suspekt. Neid, Misstrauen, Verrat und Verleumdung begleiteten ihn in diesen Jahren auf Schritt und Tritt, bis das Ende seines Weges mit dem Kreuzestod besiegelt wurde.

Das Kreuz ist für uns ein Bild des Schreckens. Jesus beendet sein Leben, ausgestoßen

[28] Gute Nachricht Bibel, revidierte Fassung, durchgesehene Ausgabe in neuer Rechtschreibung, © 2000 Deutsche Bibelgesellschaft Stuttgart

aus der Gemeinschaft, nach Schmähungen und Misshandlungen vor den Toren der Stadt Jerusalem am Kreuz. Wer am Kreuz stirbt ist für die Menschen seiner Zeit ein Verbrecher. Es war ein Zeichen der Schmach und der tiefsten Verachtung. Wer so starb, war der menschlichen Gesellschaft unwürdig. Dennoch verurteilt er die Menschen nicht, sondern bittet den Vater noch am Kreuz ihnen zu vergeben – *"denn sie wissen nicht, was sie tun!"*[29]

In der Verurteilung Jesu begegnen wir der unendlichen Grausamkeit der Menschen in der Welt. Damals wie heute! Doch mit dem Wissen, dass der Weg weiter geht, unterwirft sich Jesus dieser Grausamkeit. Damit ermutigt er bis heute alle Gequälten, Ausgestoßenen und Misshandelten, das Ziel - Gott selbst – nie aus den Augen zu verlieren.

Warum aber musste unsere Rettung über die Menschwerdung und den Leidensweg gehen? Wäre ein anderer Weg nicht einfacher gewesen? Hätte uns Jesus nicht als Vorbild genügt? Es hätte doch sicher viele gegeben, die ihn als ihr Idol gefeiert, ja ihm nachgeeifert hätten.

Oder – ähnlich dem Islam – wäre doch ein schriftlicher Weg möglich gewesen: Ein rhetorisch begabter Prophet hätte ein Buch mit dem Willen Gottes unter die Leute gebracht. Er hätte die Menschen dazu bewogen, sich Gott ganz hinzugeben.

Selbst ein meditativer Weg wäre denkbar gewesen: Durch bestimmte Übungen, die jeder Willige lernen kann, gelingt es, vor Gott still zu werden. Dann, mit einiger Übung, können Herz und Sinne mit göttlicher Kraft durchströmt werden.

Vielleicht würden uns gemeinsam noch mehrere Wege einfallen. Eines scheint mir jedoch sicher. Alle diese Wege würden dazu beitragen, Menschen mehr oder weniger

---

[29] Lukas 23,34b Bibeltext der Neuen Genfer Übersetzung – Neues Testament und Psalmen Copyright © 2011 Genfer Bibelgesellschaft. Wiedergegeben mit freundlicher Genehmigung. Alle Rechte vorbehalten

zu verbessern. Doch die Menschen grundlegend in ihrem Wesen zu erneuern und von ihrer Sünde zu retten, würde wohl kaum gelingen.

So beschritt Gott einen ganz andern Weg: Er stellte sich durch Jesus sozusagen auf unsere Ebene. Er wurde ein Mensch von Fleisch und Blut, so wie wir, die er retten wollte, auch alle von Fleisch und Blut sind. Jesus wurde den Menschen so gleich, dass er durch die Gewalt von Menschen dem Tod ausgeliefert wurde. Aber nur so konnte er der personifizierten Macht des Bösen - dem Teufel - die Herrschaft über den Tod nehmen und den Menschen den Weg zu Gott zeigen. Durch Jesus wurde uns erst möglich zu begreifen, dass der Tod nicht das Ende, sondern eine Station auf dem Weg zu Gott in sein himmlisches Reich ist.

Heute Abend bedenken wir dies in besonderer Weise. Wenn wir innerlich still werden und darüber nachdenken, spüren wir, dass Jesus mit seinem Tod die Wirkung menschlichen Versagens, menschlicher Schuld außer Kraft setzt. Das heißt nicht, dass ich nicht weiter versage - nein! Es heißt aber, dass mir mein Versagen bewusst wird und ich fähig werde, den bisherigen Weg zu verlassen, Menschen um Vergebung zu bitten und mit Gottes Hilfe neue Wege gehe. Vergebung, ja Befreiung von Sünde ist möglich geworden. Da starb der Einzige, der sich nicht zum Bösen, zur Überheblichkeit und zur Selbstverherrlichung verführen ließ. Und wir ahnen, diese Wesenshaltung ist es, die wir mit dem Begriff „heilig" ausdrücken. Über einen solchen Menschen, der in seinem Leben die heilige Wesensart Gottes gelebt – ja vorgelebt hat, besitzt der Tod keine Macht. Ja, er nimmt das Un-heilige von uns, macht uns mit seinem Tod vor Gottes Augen heilig. Fast wage ich es nicht es auszusprechen: Jesus stellt uns nun seinerseits auf seine göttliche Ebene. So können wir Gottes Ansprüchen genügen. Wenn wir dies vom Innersten her erfassen, wird uns bewusst: Dies konnte nur geschehen, weil Gott unser gemeinsamer Vater ist. Jesus hat zu seinen Lebzeiten immer wieder darum gerungen, dass wir Gott als Vater sehen, der uns liebt und nichts sehnlicher wünscht, als dass wir mit ihm vereint sind. Deshalb scheut sich Jesus auch nicht, die Menschen Geschwister zu nennen.

Im großen Leidenspsalm 22 heißt es ja in Vers 23: *„Ich will meinen Brüdern verkünden, wie groß du bist, mitten in der Gemeinde will ich dir Loblieder singen."*[30]

Diesen Psalm betet Jesus noch am Kreuz. Er, der Mensch gewordene Sohn Gottes, schüttet in seinem Sterben das Herz der Menschheit vor Gott aus. Er, der an unserer Stelle stirbt und für uns betet. Unter diesem Gesichtspunkt bekommen die Psalmen auch für uns heute eine ganz neue Bedeutung und Tiefe: In den Psalmen betet Christus für uns, seine Brüder und Schwestern.

Nicht als König rettet er, sondern als Bruder. Wie anders ist Jesu Handeln doch, als wir es von uns selbst oder unseren Mitmenschen gewohnt sind. Gegen alle Hoffnung wird am Kreuz Trost verkündet: Das Leben, die unendliche Liebe, ja, alles, was ihr euch erträumt, ist von Ewigkeit her unverändert da. Es ist das Eigentliche, das Einzige, wofür es sich zu leben lohnt! Gott selbst wurde Mensch und zeigt uns, dass unser Weg mit Gott als Ziel alle Hindernisse, auch den Tod, überwinden kann.

Aus der Sicht der Zeitgenossen Jesu scheiterte er. Aber dieses Scheitern erwies sich aus der Sicht Gottes als der größte Sieg, der je errungen wurde – der Sieg des Lebens über den Tod! Jesus hat am Kreuz die Angst und Gottferne erlitten, die uns Menschen sonst niemals weggenommen worden wäre. In der Tragik des Todes wurde der Keim des verwandelten Lebens in der Gegenwart Gottes geboren. Seit Jesu Tod haben wir die Gewissheit, dass der Tod nicht das letzte Wort hat, auch wenn wir sterben müssen. Wir entdecken neu, dass wir dem Ewigen verwandt sind, dass wir neues Leben geschenkt bekamen. Wir sind erlöst und bleiben mit dem verwandt und verbunden, welcher der Sohn Gottes ist. Was da geschah, geschah nicht für Engel

[30] Bibeltext der Neuen Genfer Übersetzung – Neues Testament und Psalmen Copyright © 2011 Genfer Bibelgesellschaft. Wiedergegeben mit freundlicher Genehmigung. Alle Rechte vorbehalten

oder Supermenschen, sondern für uns. So wie wir sind, mit unseren guten und mit unseren Schattenseiten. Gottes Barmherzigkeit bleibt über uns, in jeder Situation unseres Lebens. Die Liebe Jesu, die sich am Kreuz geopfert hat, verbindet Gott mit uns Menschen. Sie schenkt uns neue Hoffnung und Vertrauen. Das Leben behält den Sieg. Jetzt können wir den Weg haben, weil wir vom Ziel wissen! Sein Tod war nicht sinnlos, sein Tod war sein Opfer, war sein Weg in die himmlische Welt! Die Kraft, diesen Tod zu erleiden, strömte Jesus aus dem Wissen zu, dass sein Ziel Gott ist, dass er mit diesem Opfer des eigenen Lebens die Menschen mit Gott versöhnt. So konnte er auch am letzten Abend mit seinen Jüngern die Last des Wissens tragen, dass sein Leib „dahin gegeben wird". Amen

28. März 2002

„Es ist vollbracht“

Karfreitag (Johannes 19,16-30)

„Eilt, ihr angefochtnen Seelen, aus euren Marterhöhlen, eilt Wohin? Nach Golgatha! Nehmet an des Glaubens Flügel, flieht! Wohin? Zum Kreuzeshügel, eure Wohlfahrt blüht allda!“[31]

Liebe Gemeinde,
Kenner unter ihnen wissen es sofort. Diese Worte sind einer bewegenden Bass Arie der Johannespassion entnommen. Lassen wir uns auf diese Worte ein, dann lenken sie uns genau dahin, wo uns der Evangelist Johannes heute Morgen hinführt. Auf jenen Hügel, außerhalb der Stadt Jerusalem, auf dem vor fast 2000 Jahren 3 Kreuze aufgerichtet wurden, die durch den, der in der Mitte gekreuzigt wurde, den Menschen aller Jahrhunderte unvergessen bleiben. Wir, die wir heute hier zusammen gekommen sind, wollen über dieses Geschehen nachdenken. Und uns dabei ganz persönliche Fragen stellen: „Sprechen uns diese Worte überhaupt an? Fühlen wir uns denn angefochten und gemartert? Und empfinden wir, dass unser Wohlergehen ausgerechnet auf dem Kreuzeshügel blüht?“ Lassen sie uns gemeinsam versuchen, auf diese Fragen eine Antwort zu finden.

Wir wollen versuchen, uns diesem ungeheuerlichen Geschehen zu nähern, das wir mit unserem Verstand allein nie voll und ganz begreifen werden. Eine Kreuzigung, die laut Kaiphas, dem Hohepriester, ein Ziel hatte: den auszuschalten, der seiner Meinung nach das Bestehen des ganzen Volkes in seinem Verhältnis zu den Römern gefährdete. Nach der Auferweckung des Lazarus ließ er im Hohen Rat vernehmen: »Es ist nützlicher für euch, wenn einer anstelle des ganzen Volkes stirbt, als wenn das ganze Volk zugrunde geht!« Unser Verstand kann uns beim Verstehen dieses

[31] Johannes-Passion BWV 245, Urtext der Neuen Bach-Ausgabe Bärenreiter Studienpartitur 197, S. 136 – 140 © 1973 Bärenreiter-Verlag Karl Vötterle GmbH & Co.KG Kassel und VEB Deutscher Verlag für Musik, Leipzig

ungeheuren Geschehens nicht helfen. So wollen wir uns dem Bericht des Evangelisten Johannes mit glaubendem Herzen nähern. Er steht im 19. Kapitel, ich lese die Verse 16 – 30.

16 *Da überließ Pilatus ihnen Jesus, zur Kreuzigung. Nun übernahmen die Juden Jesus.*

17 *Er musste den Querbalken des Kreuzes selbst tragen bis zu dem Ort, den man Schädelstätte, hebräisch Golgatha, nannte.*

18 *Dort kreuzigten sie ihn und mit ihm zwei andere, rechts und links von ihm, Jesus in der Mitte.*

19 *Pilatus ließ ein Schild schreiben und es am Kreuz anbringen, darauf stand: »Jesus der Nazaräer, Judenkönig«*

20 *in hebräischer, lateinischer und griechischer Sprache. Weil die Kreuzigungsstelle nahe bei der Stadt lag, würden viele Juden dieses Schild lesen.*

21 *Darum sagten die jüdischen Hohepriester zu Pilatus: »Bitte lass nicht: „Judenkönig" schreiben, sondern „selbsternannter Judenkönig"!«*

22 *Aber Pilatus erwiderte: » Was ich geschrieben habe, gilt. Ich ändere nichts.«*

23 *Nachdem die Soldaten Jesus gekreuzigt hatten, nahmen sie seine Gewänder und teilten sie durch vier, für jeden Soldaten ein Stück. Das Untergewand war ohne Naht, von oben an in einem Stück gewebt.*

24 *Da sagten die Soldaten zueinander: »Lasst es uns nicht zerschneiden, sondern auslosen, wer es bekommt.« So sollte das Schriftwort erfüllt werden, indem es heißt: »Sie teilten meine Kleider unter sich auf. Und über mein Gewand warfen sie das Los.« Genau das taten die Soldaten.*

25 *Bei dem Kreuz, an dem Jesus hing, standen seine Mutter und deren Schwester, mit ihnen auch Maria, die Frau des Klopas, und Maria von Magdala.*

26 *Jesus sah seine Mutter dastehen und auch den Jünger, den er besonders liebte. Da sagte er zu seiner Mutter: »Er ist jetzt dein Sohn!«*

27 *Und zu dem Jünger sagte er: »Sie ist jetzt deine Mutter!« Daraufhin nahm der Jünger Jesu Mutter in sein Haus auf.*
28 *Danach merkte Jesus, dass sein Ende gekommen war. Damit das Schriftwort erfüllt wurde, sagte er: »Ich habe Durst.«*
29 *Sie tauchten einen Schwamm in ein Gefäß mit Essig, das in der Nähe stand, steckten ihn auf einen Rohrstock und hielten ihn Jesus an den Mund.*
30 *Als Jesus den Essig genommen hatte, sagte er: »Es ist zu Ende* (vollbracht)*!« Er neigte sein Haupt und gab den Lebensgeist zurück.* [32]

Da stehen sie vor dem Kreuz, seine Mutter, seine Tante, dazu Maria, die Frau des Klopas, und Maria von Magdala und ein einziger Jünger von seinen 12 Weggefährten. Sie blicken in sein Gesicht, das sie schon bald nicht mehr sehen werden. Vergangenes zieht vor ihren Gedanken vorbei. Gemeinsame Erlebnisse, frohe und schwere Stunden, in denen sie miteinander lachten oder weinten. Dankbar blicken sie zurück auf das, was Jesus ihnen in ihrem Leben schenkte. Sicher denken sie auch an das, was sie ihm selbst schenken konnten. Spüren aber wohl schon vor dem Kreuz das Ungleichgewicht und verstehen gleichzeitig gar nicht, was da vor sich geht. Mit all ihren Gedanken verbindet sich die Endgültigkeit des Abschieds, den sie jetzt nehmen müssen. Das schmerzt die unter dem Kreuz Stehenden und hält sie in der Trauer gefangen. Ihre Augen sehen nur noch durch einen Tränenschleier. Mit dem Leben des Gekreuzigten vergeht auch ein Teil ihres eigenen Lebens. Es bleiben für die ihn Liebenden so viele Dinge ihrerseits offen: Worte ungesagt, Taten unerledigt, Fragen ungeklärt.

Mitten in ihre schweren Gedanken hinein schenkt Jesus selbst ihnen Trost. Am Kreuz hängend stiftet er zwischen seinem Lieblingsjünger und seiner Mutter eine neue Art der Beziehung, indem er ihn beauftragt, sich um seine Mutter zu kümmern. Damit schenkt er seiner Mutter neue Sicherheit und bietet ihr zugleich einen neuen Sohn an.

---

[32] Klaus Berger, Christiane Nord, Das Neue Testament und Frühchristliche Schriften, © Insel Verlag Frankfurt am Main und Leipzig 1999, S. 354 - 355

»Er ist jetzt dein Sohn!« Auch sein Jünger erhält mit diesem Auftrag eine neue Perspektive: *»Sie ist jetzt deine Mutter!«* Beide werden so inmitten des großen Verlustes um eine enge Beziehung bereichert. Aber er konstituiert nicht nur die menschliche Familie. Nein, gleichzeitig stiftet er die Familie, die von Gott her die Gemeinde sein soll. So beginnt Gemeinde nicht erst an Ostern, sondern bereits am Kreuz.

Verstehen wir das, oder sind wir in unseren eigenen Gedanken auch gefangen. Hören vielleicht, wie die Jünger damals, gar nicht mehr richtig hin, was Jesus in seiner letzten Stunde noch sagt.

Doch warum hören wir nicht mehr richtig hin? Weil uns der Ausgang allzu vertraut ist? Weil das Osterfest nahe ist? Weil wir ja wissen, wie es weitergeht und nicht wie die Jünger denken, jetzt ist alles zu Ende?! Doch mitten in deren Gedanken hinein spricht Jesus: »Es ist vollbracht!« Diese Worte – so sie die um das Kreuz Stehenden schon erreichen – machen hellhörig und wollen auch unsere Gedanken neu erreichen!! Denn diese Worte beinhalten, dass alles gebracht wurde, was gebracht werden konnte. Nichts fehlt! Alles ist ganz und gar gebracht - und dies in zwei Richtungen.

Jesus hat Gott alles gebracht, was nötig war, um die Welt und uns Menschen mit Gott zu versöhnen. Und uns Menschen hat er sich selbst geschenkt. Er brachte uns seine Liebe, seine Geduld, sein Vertrauen. Er zeigte uns, dass es möglich ist, Gottes Willen zu erfüllen und dies bis in seine letzte Lebensstunde hinein! Und seine Worte zeigen noch eines: Nicht das Kreuz und der Tod sind für uns entscheidend und sozusagen ein Heilsdatum. Nein, Kreuz und Tod sind die Vollendung in einem Heilsgeschehen. Das Geschehen am Kreuz beendet und krönt den lebenslangen Kreuzes- und Leidensweg Jesu. Er, der bereit gewesen ist, Gott bis in die letzte Lebenszelle hineinzulassen. Er, der bereit war, auf jeglichen Eigenwillen zugunsten des Willen

Gottes zu verzichten. Und weil dies so war, deshalb konnte der Vater in IHM und durch IHN so viel Wunderbares bewirken.

Das Wunderbarste war und ist aber wohl: Das Leben wurde und wird von Jesus neu gestaltet und mit neuem Sinn gefüllt. Wer immer mit Jesus in Berührung kam und kommt, spürte und spürt dies umfassend. Vor allem durch neue Lebendigkeit, die den betreffenden Menschen ergreift.

Dies mag ein Grund dafür sein, dass irische Hochkreuze das Kreuz immer mit einem Kreis umgeben. Der Kreis symbolisiert den Lebenskreis, den Naturkreislauf, ja die Sonne, die letztlich das Leben auf der Erde ermöglicht. Jesus selbst zeigt ganz zuletzt auf dem Kreuzeshügel, dass das entscheidende nicht das Kreuz sondern seine Hingabe ist. Das Kreuz ist nur äußeres Zeichen dafür, dass er sich ganz und gar diesem Gott bringt. Allein für sich betrachtet, verstellt es aber leicht den Blick auf ein neues Leben, das mit dem Gottessohn in die Welt gekommen ist. Und deshalb kann nur JESUS sagen: »Es ist vollbracht!« Wer auch immer es sonst nach ihm sagen wird, man wird spüren, dass es unangebracht ist.

Jesus aber vollbringt in umfassender Bedeutung seinen Auftrag. Er ist schutz- und hilflos in der Hand des Pontius Pilatus und seiner Soldaten, aber er geht den Weg ans Kreuz mit aufrechtem Gang. Mit dieser Haltung zeigt er, dass es seine eigene, freiwillige Entscheidung ist, diesen Weg anzunehmen, dass er gerade in diesen Stunden sich selbst, seinen eigenen Willen Gott bringt und damit sich dessen Willen zu eigenen gemacht hat. All die Mächtigen sind in Wirklichkeit nur Werkzeuge, die ausführen, was Gott längst zuvor beschlossen und festgelegt hat.

Der Evangelist Johannes verdeutlicht mit seiner Art, die Kreuzigung Jesu darzustellen: »Hier stirbt nicht einer, der zwar das Gute gewollt hat, aber mit seinen guten Absichten gescheitert ist. Nein, hier stirbt *»das Lamm, das der Welt Sünde* *trägt.«* Hier stirbt der Sohn Gottes, der diesen schweren Weg aus freien Stücken aus Gottes Hand angenommen hat. Der Gekreuzigte und nicht erst der Auferstandene spricht: *»Es ist vollbracht.«* Sein Sterben ist die Grundlage, damit wir leben können. Er stirbt, damit wir Menschen uns aufmachen können, zurück zu Gott.

Jesu letztes Wort ist nicht ein verzweifeltes »Ich kann nicht mehr!«, sondern ein in sich ruhendes »Es ist vollbracht!« Dieses letzte Wort Jesu ist ein Siegeswort. Kreuzigung ist für ihn ein »empor gehoben sein«. Alles, was vorangegangen ist, trägt bereits das Zeichen seines Sieges über den Tod. Jesus hat sein Werk getan, die Brücke zwischen Gott und Mensch ist geschlagen. Die Welt mit ihren Schrecken, wir mit unseren Ratlosigkeiten und Irrtümern, mit unseren schlechten Angewohnheiten, alles ist von Jesus Christus durch seinen Sieg bezwungen und ins Gegenteil verwandelt.

Unser Leben ist und bleibt ein Sterben. Aber Gott wirft es nicht weg. Auch über ihm gilt: »Es ist vollbracht.« Wir können trotz unserer Ängste und Befürchtungen nicht mehr in letzte Verzweiflung fallen. Wir sind im tiefsten Grund unseres Lebens gehalten. Nicht mit unseren Aktivitäten, Zielen und Hoffnungen stehen oder fallen wir. Nein, die göttliche Kraft, die Jesus mit Fug und Recht sein *»Es ist vollbracht«* sprechen lässt, reicht immer weiter als die Kraft, die aus uns selbst kommt. Unsere Leiden werden von Jesus am Kreuz mitgetragen. Er will und kann auch in und durch unser Scheitern siegen.

Unter Jesu *»Es ist vollbracht!«* steht alles: unser Leben und unser Sterben. Damit wissen wir auch, dass nicht zählt, was wir vollbracht haben, sondern was ER vollbracht hat. Und dieses Wissen lässt uns an unserem letzten Tag in dieser sichtbaren Welt im Frieden sterben.

Übermorgen werden wir die Bedeutung des *»Es ist vollbracht«* mit Osterliedern besingen. Wir werden den Held von Juda feiern, der mit Macht den Tod besiegt hat, weil Gott ihn auferweckt hat. Und deshalb können wir, wie Bach es ausdrückt: *»mit unseren angefochtenen Seelen, aus unseren Marterhöhlen nach Golgatha eilen! Ja, wir nehmen Glaubens Flügel an und fliehen zum Kreuzeshügel, weil dort unsere Wohlfahrt, unser Wohlergehen erblüht!"* Amen

18. April 2003

„Auferstehung“

Ostersonntag (Brief an Rheginus)

Liebe Gemeinde,

im Dezember 1945 gruben ägyptische Bauern etwa 11 km nordöstlich von Nag Hammadi, am Fuß des Felshangs Jabal al-Tarif, nach einem natürlichen Dünger, dem sogenannten Sabakh. Unter einem Felsblock, an den sie ihre Kamele gebunden hatten, stießen die Bauern beim Graben auf einen fast einen Meter hohen Krug aus rotem Ton. Beim Zerschlagen des Kruges stellte sich heraus, dass der Inhalt aus dreizehn in Leder gebundenen Papyrus-Kodizes bestand, deren Wert zunächst nicht erkannt wurde. Unbekannt ist, wer die Texte gesammelt hat. Möglicherweise handelte es sich um die Bibliothek einer nicht näher zu bestimmenden gnostischen Gemeinschaft. Wahrscheinlicher ist jedoch – aufgrund der Nähe und des beim Einband verwendeten Materials – dass die Sammlung Teil der Bibliothek eines pachomianischen Klosters war. Ungeklärt bleibt, ob die Sammlung als Informationsquelle zum Kampf gegen gnostische Häretiker zusammengestellt wurde, oder ob sie als häretische Texte aus den Klosterschriften ausgesondert wurden, wie dies im Zusammenhang mit dem etwa zeitgleichen 39. Osterfestbrief des Athanasius geschah.

Letztlich ist dies für uns, heute am Ostermorgen, nicht entscheidend. Doch unter den gefundenen Texten gibt es einen Brief, der für uns interessant ist. Den um etwa 150 n. Chr. entstandenen Rheginusbrief, der auch als „Abhandlung über die Auferstehung“ bekannt ist. Denn heute am Ostermorgen, an dem wir das Fest der Auferstehung Jesu Christi von den Toten feiern, ist die Frage erlaubt, was wir uns unter „Auferstehung“ vorstellen. So will ich mit Ihnen über einige Verse aus diesem Brief nachdenken.

Wer unter Ihnen Interesse hat, kann den kompletten Brief, in einer Übersetzung von Klaus Berger und Christiane Nord, nachlesen![33]

Jetzt lese ich in Kapitel 4 die Verse 1 – 6:

1 *Der Erlöser hat den Tod verschlungen – das weißt du sehr wohl.*
2 *Er legte die vergehende Welt beiseite.*
3 *Er verwandelte sich in einen Äon, eine unvergängliche Himmelsmacht.*
4 *Er ließ das Sichtbare durch das Unsichtbare verschlungen werden, er stand von den Toten auf.*
5 *So hat er uns den Weg geschenkt, auf dem wir unsterblich werden können.*
6 *Dann gilt, was der Apostel sagt: „Wir leiden mit ihm, wir stehen mit ihm von den Toten auf, wir gehen in den Himmel mit ihm.“*[34]

Und in Kapitel 5 die Verse 1 - 3:

1 *Wenn einer das nicht glauben kann, so hat jedenfalls der Versuch, ihn durch Überreden dazu zu bringen, keine Chance.*
2 *Denn es geht um einen Standpunkt des Glaubens, mein Sohn, nicht um Überredung.*
3 *Der Grundsatz heißt: Wer tot ist, wird auferstehen.*[35]

Liebe Gemeinde,
laut einer Umfrage des Forsa-Instituts weiß nur noch die Hälfte der Deutschen, was wir an Ostern feiern. Geht allmählich die Bedeutung des Osterfestes verloren, so können sich wohl noch weniger Menschen etwas unter „Auferstehung“ vorstellen! Und wer daran nicht glauben kann, den kann auch niemand durch

[33] Klaus Berger, Christiane Nord, Das Neue Testament und Frühchristliche Schriften, © Insel Verlag Frankfurt am Main und Leipzig 1999, S. 1041 – 1047
[34] S. 1044
[35] S. 1045

Überredungsversuche dazu bringen. Es geht also wahrhaftig um einen Standpunkt des Glaubens, den wir vertreten. Ostern ist das Fest, an dem wir uns daran erinnern, dass Jesus Christus den Tod überwunden und das ewige Leben empfangen hat. Ewiges Leben, das ER auch uns, nach unserem eigenen Tod, schenken wird, wie wir dies glaubend bezeugen und in ganz besonderer Weise an Ostern proklamieren. Wir glauben daran, dass Jesus Christus nach seiner Kreuzigung den Tod überwunden hat und seitdem in einer neuen Existenz an der Seite Gottes weiterlebt. In einer neuen Seinsweise, die unseren Augen verborgen ist, die aber in vielen Glaubenserfahrungen erlebt werden kann. Auferstehung ist damit eines der Geheimnisse Gottes, das wir nicht allein mit dem Verstand begreifen können, sondern das nur mit einem glaubenden Herzen begriffen werden kann. Und so heißt es auch im 9. Kapitel:

12 Die Auferstehung ist die Offenbarung dessen, was besteht. Sie ist die Verwandlung der Dinge, sie ist Übergang in etwas Neues.[36]

Das erinnert uns an den Satz des Paulus, in dem er sagt: *„Wenn jemand zu Christus gehört, ist er eine neue Schöpfung. Das Alte ist vergangen; etwas ganz Neues hat begonnen!“*[37] Auferstehung ist also eine neue Existenz! Und so ist sie nicht nur etwas, was uns nach unserem Tode widerfahren wird, sondern eine Kraft, die unser Leben in der Nachfolge Jesu bestimmen will. Vielleicht wird deshalb Rheginus im 10. Kapitel aufgefordert:

1 Halte dich nicht mit Kleinigkeiten auf, sondern bedenke mutig das Ganze.
2 Nimm in deinem Leben nicht die kreatürliche Schwäche zum Maßstab, nur um nicht aufzufallen.
3 Fliehe vor allen Spaltungen und Fesseln, dann hast du schon die Auferstehung.
4 Wir alle werden sterben und wissen das. Auch wenn wir viele Jahre in diesem

---

[36] a. a. O. S. 1046
[37] Bibeltext der Neuen Genfer Übersetzung – Neues Testament und Psalmen Copyright © 2011 Genfer Bibelgesellschaft. Wiedergegeben mit freundlicher Genehmigung. Alle Rechte vorbehalten

Leben zubringen, gelangen wir dahin. Ebenso kannst du dich als auferstanden betrachten und als jemand, der schon dahin gelangt ist.

5 *Du bist schon auferstanden. Trotzdem tust du seltsamerweise so, als müsstest du noch sterben, obwohl doch der alte Mensch in dir weiß, dass er schon gestorben ist.*

6 *Solche Inkonsequenz lasse ich nicht zu!*[38]

Hier, liebe Gemeinde, sind wir am eigentlichen Thema angelangt. Denn es gilt, das Leben zu ergreifen, sich darauf zu verlassen, dass wir durch unsere Verbindung mit dem auferstandenen Christus bereits in dieser Welt ein neues Leben erhalten haben. Ein Leben, das nicht mehr an die Machenschaften der Menschen, sondern an die Wirklichkeit des Reiches Gottes gebunden ist. So wie es die Emmaus-Jünger mit ihrem brennenden Herzen gespürt haben. Seit dem ersten Ostermorgen ist etwas Neues in der Welt. Wenn Sie so wollen, ist seither ein Fenster zur Ewigkeit hin geöffnet worden. Deshalb gilt es, nicht unsere kreatürliche Schwäche zum Maßstab der Dinge zu nehmen, nicht aus ihr heraus Geschehnisse zu beurteilen, sondern sich vom Heiligen Geist inspirieren zu lassen und unsere Blickrichtung auf die Möglichkeiten der Neuwerdung zu richten. Alles, wirklich alles, kann neu werden, schon hier und heute. Unsere Hoffnungslosigkeit kann sich in Zuversicht verwandeln, unsere Mutlosigkeit in Stärke und Vertrauen. Unsere ganze Lebenseinstellung, das Setzen von Prioritäten, unsere Haltung zu Geld und Besitz, unser Umgang mit unseren Mitmenschen, alles kann sich verändern. Denn an unserer Seite steht der, der denen, die ihn lieben, alle Dinge zum Besten dienen lässt: Der lebendige Gott! Einen stärkeren Verbündeten gibt es nicht! Und mehr noch, dieser Gott lebt durch den Heiligen Geist in uns selbst! Wenn wir unser Leben Gott anvertrauen und Jesus nachfolgen, dann wissen wir, dass der alte Mensch schon gestorben ist. Auch wenn er uns anderes vorgaukeln will.

---

[38] a.a.O. S. 1047

Denn wir haben Möglichkeiten in uns, die Jesus uns in seinen Abschiedsreden verheißen hat: „*Wer an mich glaubt, der wird auch selbst solche Taten vollbringen, wie ich, und noch größere als diese. Denn ich gehe zum Vater.*"[39] Damit verweist Jesus, davon bin ich überzeugt, auf das Neue und die neuen Möglichkeiten hin, die seinen Jüngerinnen und Jüngern mit der Auferstehungskraft geschenkt werden. Von daher ist es gut und richtig, wenn wir Gott darum bitten, unseren Glauben in diesem Wissen konsequenter zu leben, auf ihn zu vertrauen und weniger auf unsere menschlichen Möglichkeiten. Wird die Kraft Gottes, die Jesus auferstehen ließ, freigesetzt, dann erleben wir Wunder über Wunder im Kleinen wie im Großen.

Dann kann es gelingen, dass wir Frieden schließen mit denen, die uns verletzt haben, uns versöhnen mit denen, die hinter den von uns aufgerichteten Mauern der Feindschaft leben. Ja, wir können uns sogar mit den Menschen, denen wir großes Leid gebracht haben, aussöhnen. Das wird uns Deutschen besonders bewusst, wenn wir an den jüdisch-christlichen Dialog, an die Rede Horst Köhlers oder Angela Merkels in der Knesset denken. Um die Kraft Gottes können wir JESUS CHRISTUS täglich neu bitten. Diese Kraft ist uns durch den in uns lebenden Geist Gottes so nah, so dass wir einander dann berichten können, was Marie Luise Kaschnitz in einem Gedicht so ausdrückt: „*Manchmal stehen wir auf, stehen wir zur Auferstehung auf. Mitten am Tage, mit unserem lebendigen Haar, mit unserer atmenden Haut. ...*"[40]
Ich wünsche uns allen, dass diese Worte mehr und mehr zu unserer eigenen Aussage werden, dass wir einander ermutigen, unser Leben aus der Auferstehungskraft zu gestalten! Es ist möglich, da wir durch Jesus Christus neu geworden sind. Amen

23. März 2008

---

[39] a.a.O. S. 346
[40] Marie Luise Kaschnitz: Dein Schweigen - meine Stimme, Gedichte, © 1962 Verlag Claassen

„Solange die Liebe nicht aussetzt“

Exaudi (Johannes 7,37-39)

„Wir gehen jeder für sich den schmalen Weg über den Köpfen der Toten – fast ohne Angst – im Takt unsres Herzens, als seien wir beschützt, solange die Liebe nicht aussetzt. ...“[41]

Liebe Gemeinde,

60 Jahre nach Ende des 2. Weltkrieges treffen die Gedanken Hilde Domins uns mitten ins Herz. Wir denken heute an den 8. Mai vor 60 Jahren. Für Millionen Juden, Sinti, Roma und andere Verfolgte kam dieser Tag zu spät. Viele Überlebende feierten ihn als einen Tag der Erlösung und Befreiung aus der Terrorherrschaft des Nationalsozialsozialismus, obwohl unser Land den totalen Zusammenbruch erlebte. Nach und nach wurden die Menschen mit Bildern ungeheurer Taten konfrontiert, die sie nach und nach erkennen und begreifen mussten. Wir alle bringen heute Morgen unsere Geschichte mit. Viele noch die eigene durchlittene Geschichte, andere – wie ich selbst – die erlittene Geschichte ihrer Familie. So sind unsere Gedanken voll unterschiedlicher Bilder, die uns besonders an diesem Tag lebendig vor Augen stehen. Wir denken an unzählige Menschen, die gelitten und ihr Leben aufs Spiel gesetzt haben. Und wir denken an den Neubeginn! Wir sehen vor uns die Trümmerfrauen, die Verwüstungen der Städte beseitigen. Vor unserem inneren Auge stehen einerseits die Soldaten, die innerlich und äußerlich verwundet heimkehren, andererseits die vielen Opfer, die nach überlebenden Angehörigen suchen. Und wir nehmen die Kinder wahr, die als erste beginnen, mitten im Elend zu spielen und zu lachen. Wir sehen den Neubeginn, erkennen aber auch, dass trotz beginnender Ordnung viele Sehnsüchte und Wünsche unerfüllt bleiben. Solche und ähnliche Gefühle bewegten die Menschen aller Zeiten, so auch zur Zeit Jesu. Hören wir eine

[41] Wer es könnte – Hilde Domin . Gedichte Andreas Felger . Aquarelle, Seite 19 © Präsenz-Verlag Gnadenthal 2000, 2. Auflage 2001

Begebenheit, die uns der Evangelist Johannes berichtet. Ich lese im 7. Kapitel seines Evangeliums die Verse 37 – 39:

37 *Am letzten Tag, dem größten Tag des Festes, trat Jesus vor die Menge und rief: »Wer Durst hat, soll zu mir kommen und trinken!*

38 *Wenn jemand an mich glaubt, werden aus seinem Inneren, wie es in der Schrift heißt, Ströme von lebendigem Wasser fließen.«*

39 *Er sagte das im Hinblick auf den Heiligen Geist, den die empfangen sollten, die an Jesus glaubten. Der Geist war zu jenem Zeitpunkt noch nicht gekommen, weil Jesus noch nicht in seiner Herrlichkeit offenbart worden war.*[42]

Am besten stellen wir uns gedanklich mitten unter die Menschenmenge. Es ist der 7. Tag des Laubhüttenfestes in Jerusalem. Wie immer am Höhepunkt eines Festes sind besonders viele Menschen versammelt.

Die Szene spielt sich wahrscheinlich auf dem Tempelhof ab. Priester schöpfen Wasser aus der Quelle Siloah und ziehen damit siebenmal um den Altar. Alles geschieht in Erwartung einer im Tempel aufbrechenden Heilsquelle, wie sie die Propheten Ezechiel und Sacharja prophezeit haben. In diese Erwartung hinein ruft Jesus mit lauter Stimme: *»Wer Durst hat, soll zu mir kommen und trinken!«*

Mit diesem Ruf werden wir aus unseren Gedanken gerissen! Unsere Aufmerksamkeit wendet sich von einem Moment zum anderen dem Rufenden zu! Die Art und Weise in der Jesus spricht, rüttelt uns auf. Doch mehr noch: Wir spüren in seinen Worten Vollmacht, eine Vollmacht dessen, der Herr des Lebens ist – Gott! Und wir spüren: Jesus kennt uns tiefer, als wir selbst uns kennen und weiß, welche innersten Gedanken und Sehnsüchte uns bewegen.

Plötzlich wird uns klar, wir sind Dürstende inmitten der festlichen Menge! Und wir

---

[42] Bibeltext der Neuen Genfer Übersetzung – Neues Testament und Psalmen Copyright © 2011 Genfer Bibelgesellschaft. Wiedergegeben mit freundlicher Genehmigung. Alle Rechte vorbehalten

spüren, auch in der Menge stehen wir alleine vor Gott. Und wir fühlen: Jesus meint uns ganz persönlich. In diesem Moment erweist sich Jesus als wahrer Führer, der mit ganzer Liebe und Hingabe zu den Menschen erfüllt ist. Kein Verführer, der uns für seine eigenen Ziele missbraucht. Und schon gar keiner, der uns unserer Individualität beraubt. Nein, in Jesus steht ein Mann vor uns, der uns die Chance gibt, unser innerstes Bedürfnis, unseren Lebensdurst zu spüren. Darüber hinaus schenkt er uns die Freiheit, uns darin selbst zu erkennen und selbst zu entscheiden, ob wir Durst empfinden und diesen von ihm stillen lassen wollen. Deshalb lädt er ein: *»Wer Durst,* (Lebensdurst) *hat, soll zu mir kommen und trinken!«?* Und verheißt: *» Wenn jemand an mich glaubt, werden aus seinem Inneren Ströme von lebendigem Wasser fließen.«*

Jesu Ruf erinnert an seine „Ich-Bin-Worte“: Jesus ist die Quelle des Lebens, ER ist das Brot, der Weg, die Wahrheit und das Leben. Er ist der gute Hirte, die Tür und eben derjenige, der den Durst der Seele mit lebendigem Wasser stillt. Heute 60 Jahre nach Kriegsende brauchen wir mehr denn je dieses lebendige Wasser. Denn wir spüren genau, wie groß die Gefahr ist, dass in unserem Land alte Gedanken in neuem Gewand wieder Raum gewinnen. Wie oft wünschen wir uns, dass Gott sich stärker zeigen möge, dass er das Böse ausrotten und die bessere Welt schaffen würde.

Diesen Wunsch nehmen alle Gewaltideologien für sich in Anspruch, wenn sie behaupten, an Stelle Gottes einzugreifen und zu zerschlagen, was dem Fortschritt und der Befreiung der Menschheit entgegenstehe. Denn die Mächtigen der Welt, damals und heute, haben Angst, der Sohn Gottes könnte ihnen etwas von ihrer Macht wegnehmen, wenn sie ihn einlassen und teilhaben lassen an ihrer Regentschaft. Aber Jesus Christus nimmt niemals etwas weg, das zur Würde und Freiheit von uns Menschen gehört. Er wendet sich nur gegen jede Herrschaft, die dem Rechtsbruch, irgendeiner Willkür oder Korruption Raum gibt.

Der neue Beginn vor 60 Jahren ist eben keine Selbstverständlichkeit, sondern Gnade Gottes. Sobald wir ihn als selbstverständlich hinnehmen, leben wir in der Gefahr, dass wir den Neuanfang von damals, wie die Gnade selbst verspielen. Wir spüren, nur von Gott können wir echten Frieden empfangen. Deshalb können wir mit David ausrufen: *„Bei dir ist die Quelle allen Lebens, in deinem Licht sehen wir das Licht!“*[43]

Wenn wir zu Jesus Christus, der Quelle des wahren Lebens gehen, dann geht nichts verloren von dem, was das Leben frei, schön und groß macht. Nein, dann öffnen sich die Türen des Lebens. Dann erkennen wir unsere wahren Bedürfnisse – den Durst unserer Seele - und finden immer wieder neu den Weg zum Sohn Gottes, um unseren Durst von diesem gestillt zu bekommen. Das Wasser des Heils, die Quelle, ist für jeden da, der Jesu Worten vertraut. Und jeder, der zu Jesus kommt und von ihm dieses Wasser trinkt, wird selbst zur Quelle lebendigen Wassers werden. Denn Gott schenkt die Fülle nicht nur uns selbst, sondern er sieht mit uns auch immer auf die Menschen, mit denen wir leben. Und damit erfüllt sich unser Leben. Es bekommt den Sinn, nach dem wir uns sehnen. Dann *„gehen wir jeder für sich den schmalen Weg über den Köpfen unserer Toten – fast ohne Angst – im Takt unsres Herzens.“*[44] Und vertrauen darauf, dass wir beschützt sind, weil die Liebe Gottes nie aussetzt.

Indem wir das begreifen und annehmen, wagen wir heute Morgen mit Gottes Hilfe, 60 Jahren nach Kriegsende, einen neuen Anfang mit ihm. Amen

08. Mai 2005

---

[43] Psalm 36, 10 nach dem Bibeltext der Neuen Genfer Übersetzung – Neues Testament und Psalmen Copyright © 2011 Genfer Bibelgesellschaft. Wiedergegeben mit freundlicher Genehmigung. Alle Rechte vorbehalten

[44] Wer es könnte – Hilde Domin . Gedichte Andreas Felger . Aquarelle, Seite 19 © Präsenz-Verlag Gnadenthal 2000, 2. Auflage 2001

„Geistkraft als Lebensquelle“

Pfingstmontag (Johannes 4,19-26)

Liebe Gemeinde,

das Pfingstfest gehört zu den kirchlich bedeutsamen Festen wie Weihnachten und Ostern. Dennoch ist dieses Fest uns das Fremdeste. Zu Weihnachten feiern wir die Geburt Jesu. Wir erkennen im Kind in der Krippe die Liebe Gottes zu uns Menschen. Zu Ostern feiern wir Jesu Auferstehung und damit die Hoffnung, dass nicht der Tod, sondern das Leben das letzte Wort hat.

Und an Pfingsten? Was feiern wir da? Kirchengeschichtlich gesehen die „Geburt der Kirche“, biblisch gesehen „das Fest des Heiligen Geistes“, der in uns den Glauben wecken soll! Wie Glaube entstehen kann, erzählt uns eine Geschichte des Evangelisten Johannes. Ich lese im 4. Kapitel die Verse 19 - 26:

19 *»Herr, ich sehe, dass du ein Prophet bist«, sagte die Frau.*

20 *»Unsere Vorfahren haben Gott auf diesem Berg hier angebetet. Ihr Juden dagegen sagt, der richtige Ort, um Gott anzubeten, sei Jerusalem.«*

21 *Jesus erwiderte: »Glaube mir, Frau, es kommt eine Zeit, wo ihr den Vater weder auf diesem Berg noch in Jerusalem anbeten werdet.*

22 *Ihr Samaritaner betet an, ohne zu wissen, was ihr anbetet. Wir jedoch wissen, was wir anbeten, denn die Rettung der Welt kommt von den Juden.*

23 *Aber die Zeit kommt, ja sie ist schon da, wo Menschen Gott als den Vater anbeten werden, Menschen, die vom Geist erfüllt sind und die Wahrheit erkannt haben. Das sind die wahren Anbeter; so möchte der Vater die haben, die ihn anbeten.*

24 *Gott ist Geist, und die, die ihn anbeten wollen, müssen ihn im Geist und in der Wahrheit anbeten.«*

25 *»Ich weiß, dass der Messias kommen wird«, entgegnete die Frau. »Wenn er kommt, wird er uns alle diese Dinge erklären.«*
26 *Da sagte Jesus zu ihr: »Du sprichst mit ihm; ich bin es.«* [45]

Liebe Gemeinde,
wir lauschen einem Gespräch, das schon eine Weile dauert: Es ist heiß in der Mittagsstunde, als Jesus der Samariterin begegnet und sie um einen Schluck Wasser bittet. In dieser unbarmherzigen Mittagshitze, wo sich jeder in die schattigen Lehmhäuser zurückzieht und wartet, bis es kühler wird, ist es außergewöhnlich, dass jemand reist oder eine Frau schwere Wasserkrüge trägt. Doch Jesus, in Jerusalem verfolgt, muss für eine Weile verschwinden.

Und die Frau, von der Gesellschaft ausgestoßen, muss ihren Haushalt mit Wasser versorgen! - Die Not könnte beide verbinden, doch Trennendes steht zwischen ihnen: Weder redet ein Jude mit Samaritern, noch ein Mann mit einer fremden Frau, schon gar nicht mit einer Ausgestoßenen. Dennoch geschieht das Unwahrscheinliche: Es kommt ein Gespräch in Gang, das Jesus beginnt.

Mitten in einer scheinbar belanglosen Alltagsbegebenheit überschreiten die Samariterin und Jesus Grenzen, um ein lebensnotwendiges, ja Not wendendes Gespräch zu fuhren: Gemeinsam überwinden sie gesellschaftliche und religiöse Hürden und fuhren das Gespräch so, dass sie Verständnis und Nähe zueinander gewinnen, wie es für alle christlichen Gemeinden zukunftweisend ist. Plötzlich sind sie mitten drin in existenziell entscheidenden Fragen, die sich immer weiter entwickeln, bis sie am entscheidenden Punkt – der Frage nach dem Glauben – angelangt sind.

[45] Bibeltext der Neuen Genfer Übersetzung – Neues Testament und Psalmen Copyright © 2011 Genfer Bibelgesellschaft. Wiedergegeben mit freundlicher Genehmigung. Alle Rechte vorbehalten

Natürlich ist Jesus nicht irgendjemand, sondern ein Gesprächspartner, der hinter das gesprochene Wort hören kann. Er erkennt die Not seiner Gesprächspartnerin derart dass sie seine Außergewöhnlichkeit selbst erfassen kann. Und so entwickelt sich das Gespräch weiter, bis zur Erkenntnis der Frau: *»Herr, ich sehe, dass du ein Prophet bist«.* Diese Einsicht ermutigt sie nach dem rechten Ort des Gebetes zu fragen! Denn sie will wissen, wer Recht hat. Jesu Antwort erstaunt, denn die Beantwortung ihrer Frage – wer hat Recht - liegt nicht in seinem Interesse. Für ihn ist nicht wichtig wo, sondern wie die wahren Beter Gott anbeten! Für IHN ist klar: Die wahren Beter werden Gott als vom Geist erfüllte Menschen, als Vater anbeten, welche die Wahrheit erkannt haben! Diese Antwort können wir nur schwer begreifen. Doch eines ist klar: Ohne den Geist Gottes wird uns dies nie gelingen.

Wenn wir auch Jesus nicht als sichtbarem Gesprächspartner gegenübersitzen, so können wir dennoch darauf vertrauen, dass egal, wo wir uns befinden, wir mit ihm immer durch das Gebet verbunden sein können. Die einzige Voraussetzung dafür ist unsere Vergebungsbereitschaft, wie wir es bei unserem Nachdenken über das „Vater Unser" festgestellt haben. Denn wo wir als Versöhnte mit Gott sprechen, da sind wir vom Geist Gottes getrieben und beten ihn in Wahrheit an.

Oft genug stillen wir unseren Lebensdurst an falschen Quellen. Doch wenn wir umkehren und uns Gott selbst als unserer Lebensquelle zuwenden, dann wird der Heilige Geist, der an Pfingsten spürbar in unsere Welt kam, durch seinen Geist in uns wirken, um Gott in Wahrheit anzubeten.

Wir werden das Feuer spüren, mit dem der Geist Gottes die ersten Jüngerinnen und Junger berührte, das Feuer, das ihnen half, mit den Menschen in der Sprache zu reden, die sie verstehen konnten. Nicht abgehoben, sondern in einer Nähe, die Menschen untereinander nur empfinden, wenn sie die gleiche Sprache sprechen, wenn sie Trennendes überwinden, Mauern abreißen, Grenzen abschaffen.

Damit dies gelingt, hat uns Jesus nicht nur den Heiligen Geist irgend wann einmal in seinem Reich verheißen, sondern ihn uns als Beistand in unserer Welt geschenkt – diesen Geist, der uns in aller Wahrheit leitet und uns hilft, die Verheißungen Gottes in uns zur Lebensquelle werden zu lassen.

Diese Lebensquelle lässt uns, wie die Wasserträgerin, Jesus als Prophet erkennen und unseren Glauben in Geistkraft und Wahrheit bekennen. Amen

28. Mai 2007

„Dem dreieinigen Gott entgegen"

Trinitatis (Das „Athanasianum")

Liebe Gemeinde,

das Trinitatisfest gibt es erst seit 1334, wobei es noch über eine längere Zeit Differenzen darüber gab, ob es überhaupt gefeiert werden solle. Dabei hat das Trinitatisfest für unsere protestantische Kirche eine größere Bedeutung als für die römische Kirche. Trinitatis ist das „Fest des Glaubensbekenntnisses". Mit dem Trinitatisfest erreicht das Kirchenjahr gewissermaßen einen ersten Abschluss. Während in der 1. Hälfte des Kirchenjahres über bestimmte Offenbarungen Gottes in der Geschichte nachgedacht wird, geht es beim Trinitatisfest um das Geheimnis der göttlichen Dreieinigkeit selbst. Die liturgische Farbe des Dreieinigkeitsfestes ist Weiß, als Fest der Herrlichkeit Gottes.

Am heutigen Tag steht also das „Glaubensbekenntnis der Gemeinde" im Mittelpunkt des Gottesdienstes. Kann uns darüber überhaupt Neues mitgeteilt werden? Schließlich bekennen wir jeden Sonntag unseren Glauben im Gottesdienst und wissen darüber Bescheid. Also könnte die Predigt schon an dieser Stelle zu Ende sein. Doch ich denke, mit dieser Haltung würden wir es uns zu einfach machen.

Es ist m. E. gut darüber nachzudenken, warum ein Bekenntnis überhaupt so wichtig ist: für uns als Gemeinde, aber auch für jeden einzelnen Christen. Dabei kann uns eine der ältesten Taufordnungen aus dem Jahre 215, die uns der Kirchenvater Hippolyt überlieferte, helfen. Sie beschreibt, wie damals getauft wurde. Am Tag ihrer Taufe wurden die Täuflinge noch einmal selbst gefragt: *„Glaubst du an Gott den Vater, den Allmächtigen?"* Antwort: *„Ich glaube!"* Daraufhin wurde ihnen die Hand aufgelegt und sie wurden ein zweites Mal gefragt: *„Glaubst du an Jesus Christus, den Sohn Gottes, der vom Heiligen Geist aus der Jungfrau Maria geboren wurde, der* *gekreuzigt wurde und starb unter Pontius Pilatus und am dritten Tage lebendig auferstand von den Toten und gen Himmel fuhr und niedersaß zur rechten Hand des Vaters und kommen wird, zu richten die Lebenden und die Toten?"* Antworteten die Täuflinge: *„Ich glaube!"*, so wurden sie ins Wasser untergetaucht. Danach wurde die dritte Frage gestellt: *„Glaubst du an den Heiligen Geist, an die heilige Kirche und die Auferstehung des Fleisches?"* Und wiederum sollten die Täuflinge antworten: *„Ich glaube!"*, dann wurden sie zum dritten Mal untergetaucht.[46]

Das Bekenntnis wurde bei der Taufe vom Täufer, nicht vom Täufling selbst gesprochen. Dieser bestätigte es allein durch sein *„Ich glaube!"* 100 Jahre später wurde dieses Bekenntnis in jedem Gottesdienst von einem Pfarrer gesprochen. Unser apostolisches Glaubensbekenntnis hat also seinen Ursprung in dieser Taufordnung.

Mit dem Bekenntnis: *„Ich glaube!"* vertraute sich ein Täufling dem Vater, dem Sohn und dem Heiligen Geist an und ließ sich sozusagen an sie binden. *„Ich glaube!"*, was drückt sich für uns in diesen Worten noch aus? Ist die Lehre zu einem dreieinigen Gott für uns heute vielleicht zu reiner Theorie verkümmert? Um sich dieser Frage zu nähern und eine Antwort zu bekommen, scheint es mir wichtig zu sein, dass wir keinen Bibeltext befragen. Zumal wir in der Bibel selbst keinen direkten Text der Dreieinigkeit finden. Viele Texte verbinden entweder den Vater mit dem Sohn, oder den Vater mit dem Geist, oder den Sohn mit dem Geist. Doch trinitarisch wird Gott an keiner Stelle ausdrücklich beschrieben. Neben dem bekanntesten, apostolischen Glaubensbekenntnis bekennen wir an Festtagen mit dem Glaubensbekenntnis von Nicäa-Konstantinopel unseren Glauben. Als Bekenntnis wurde es schon im Jahr 381 formuliert. Es ist das Glaubensbekenntnis, das im weitesten Sinn die gesamte Christenheit verbindet.

---

[46] Manfred Jacobs: Das Christentum in der antiken Welt - Von der frühkatholischen Kirche bis zu Kaiser Konstantin Kleine Vandenhoeck-Reihe, Band 1510, 1. Auflage 1987, © Göttingen, Verlag Vandenhoeck & Ruprecht S. 84

Doch für unsere Überlegungen habe ich das am wenigsten bekannte Bekenntnis ausgewählt. Das sogenannte Athanasianum, das im 5. Jahrhundert in Südgallien entstanden ist. Dieses hat schwerpunktmäßig Aussagen zur Trinitätslehre und kann uns helfen, neu über die Dreieinigkeit Gottes nachzudenken.

Da es ein langer Text ist, möchte ich Sie bitten, den 1. Teil dieses Glaubensbekenntnisses mit mir gemeinsam als Bekenntnis zu sprechen:

Wer da selig werden will, der muss vor allem den katholischen (= allgemeinen) *Glauben festhalten. Jeder, der diesen nicht unversehrt und unverletzt bewahrt, wird ohne Zweifel ewig verloren gehen.*

Dies aber ist der katholische (= allgemeine) *Glaube: Wir verehren den einen Gott in der Dreifaltigkeit und die Dreifaltigkeit in der Einheit, ohne Vermischung der Personen und ohne Trennung der Wesenheit.*

Denn eine andere ist die Person des Vaters, eine andere die des Sohnes, eine andere die des Heiligen Geistes. Aber der Vater und der Sohn und der Heilige Geist haben nur eine Gottheit, die gleiche Herrlichkeit, die gleiche ewige Majestät.

Wie der Vater ist, so ist der Sohn und so der Heilige Geist: Ungeschaffen der Vater, ungeschaffen der Sohn, ungeschaffen der Heilige Geist. Unermesslich der Vater, unermesslich der Sohn, unermesslich der Heilige Geist. Ewig der Vater, ewig der Sohn, ewig der Heilige Geist. Und doch sind es nicht drei Ewige, sondern ein Ewiger, wie es auch nicht drei Ungeschaffene oder drei Unermessliche sind, sondern ein Ungeschaffener und ein Unermesslicher.

Ebenso ist allmächtig der Vater, allmächtig der Sohn, allmächtig der Heilige Geist. Und doch sind es nicht drei Allmächtige, sondern ein Allmächtiger. So ist der Vater Gott, der Sohn Gott, der Heilige Geist Gott.

Und doch sind es nicht drei Götter, sondern ein Gott. So ist der Vater Herr, der Sohn Herr, der Heilige Geist Herr. Und doch sind es nicht drei Herren, sondern ein Herr. Denn wie uns die christliche Wahrheit zwingt, jede Person einzeln für sich als Gott

und als Herrn zu bekennen, so verbietet uns der katholische (= allgemeine) *Glaube, von drei Göttern oder Herren zu sprechen.*
Der Vater ist von niemandem gemacht noch geschaffen noch gezeugt. Der Sohn ist vom Vater allein, nicht gemacht noch geschaffen, aber gezeugt.
Der Heilige Geist ist vom Vater und vom Sohn, nicht gemacht noch geschaffen noch gezeugt, sondern hervorgehend. Es ist also ein Vater, nicht drei Väter, ein Sohn, nicht drei Söhne, ein Heiliger Geist, nicht drei Heilige Geister.
Und in dieser Dreifaltigkeit ist nichts früher oder später, nichts größer oder kleiner, sondern alle drei Personen sind einander gleichewig und gleichrangig, so dass in allem, wie bereits oben gesagt worden ist, die Dreifaltigkeit in der Einheit und die Einheit in der Dreifaltigkeit zu verehren ist. Wer also selig werden will, soll diese Auffassung von der Dreifaltigkeit haben.[47]

Liebe Gemeinde,
die Worte dieses Bekenntnisses sind uns von ihrem Inhalt her bekannt. Dennoch bergen sie eine Kraft in sich, der wir nicht alle Tage begegnen. Ich persönlich bedaure es sehr, dass wir unseren Glauben nicht öfter mit diesen Worten bekennen. Vielleicht wären wir dann weniger hilflos, wenn wir im Gespräch mit Andersgläubigen auf die Dreieinigkeit Gottes zu sprechen kommen. Denn gerade mit der Dreieinigkeit haben Muslime und Gläubige anderer Religionen ihre größte Schwierigkeit. Doch in diesem Bekenntnis, das wir gerade gesprochen haben, finden wir viele Antworten, um sich dieser schwierigen Frage zu nähern.

Wir spüren, dass wir mit dem Bekenntnis unseres Glaubens immer auch sagen: „Ich hoffe“ – „Ich höre“ – „Ich gehorche“ – „Ich will wissen“ und „Ich vergewissere mich“. **Wessen??** Dass Gott geredet und gehandelt hat und zwar durch Seinen Sohn und durch den Heiligen Geist – dass jedes Wort, das in der Bibel von Gott, von Gottes Sohn oder dem Heiligen Geist redet, ewigen Bestand hat – dass dort die

[47] http://de.wikipedia.org/wiki/Athanasisches_Glaubensbekenntnis

Wahrheit Gottes, die in Jesus Christus menschliche Gestalt angenommen hat, zu finden ist – dass in den Worten der Bibel meine und die Zukunft aller Menschen begründet liegt.

Wie viele Menschen unserer Zeit sagen: „Ich glaube" – drücken damit aber aus. „Ich vertraue ... der „Zukunft", „dem Fortschritt", „der Einsicht" ..." Wenn wir Christen aber sagen: „Ich glaube" und unseren Glauben bekennen, so wirkt dieses Bekenntnis in drei Richtungen: - wir geben Gott die Ehre, - wir verkünden ihn, als den Schöpfer der Welt und Jesus Christus als den Retter der Menschen und den Heiligen Geist, als Tröster, Beistand und uns Richtung gebender Helfer, und - wir erinnern uns selbst jedes Mal aufs Neue an unsere Taufe und bekennen uns als zu Gott gehörigen Menschen. Wir erinnern uns also daran, dass wir nicht einfach nur zusammen gekommen sind, um Gemeinschaft zu erleben und uns mit anderen Menschen auszutauschen, sondern wir bekennen uns mit unserem ganzen Sein als Menschen, der mit Gott in Verbindung steht. Der sich mit seinem Sein an Jesus Christus bindet, weil er dort allein seine Schuld vergeben weiß. Das Glaubensbekenntnis, das wir sprechen, dient also in erster Linie uns selbst und vergewissert uns unseres Christseins.

Anders ausgedrückt: Wenn wir das Glaubensbekenntnis in vollem Bewusstsein sprechen, dann sagen wir unserer Seele immer wieder aufs Neue, dass wir mit dem aufs Engste verbunden sind, der uns unser Leben gab und der es uns heute und jeden Tag aufs Neue ermöglicht, mit IHM das Leben in seiner ganzen Fülle zu schmecken, zu fühlen, zu erfassen. In diesem Bewusstsein können wir ohne Angst jeden unserer Tage aus Gottes Hand empfangen und uns sicher sein, dass wir immer wieder neu die Chance erhalten, neu anzufangen. Niemand zeigt mit dem Finger auf uns und keiner benotet unser Leben. Im Gegenteil!!

Da ist einerseits der liebende Gott, der uns als Vater begegnet, weil er uns als sein Kind in die Arme schließen will, um uns Geborgenheit und Sicherheit zu schenken. Da ist andererseits der liebende Gott, der uns als Sohn begegnet und für jeden von uns Mensch geworden ist. Der ein für allemal, wie es im Hebräerbrief formuliert ist, unsere Schuld beglichen hat, indem er sein Leben für jeden einzelnen von uns hingegeben hat. Dadurch ermöglicht er uns, in wirklicher Freiheit Gott zu begegnen. Und da ist der liebende Gott, der uns als Tröster in unserem innersten Menschsein begegnet, der uns steuert, weil er in uns lebt und uns in alle Wahrheit leiten und führen will – der Heilige Geist, der sich unserem Geist mitteilt und mitteilen kann, wie kein Mensch es je könnte.

Um ihm allerdings begegnen zu können, benötigen wir Stille und immer wieder Momente des Gebetes und des Bekennens, damit wir fähig sind, die feinen Impulse seiner Steuerung wahrzunehmen und uns den dreieinigen Gott zu vergegenwärtigen. Möge uns Gott am heutigen Sonntag neu die Möglichkeit schenken, dies von unserem innersten Sein her zu begreifen, um daran froh zu werden und mit Mut und Zuversicht den dreieinigen Gott zu verkünden und anzubeten. Dann können wir getrost allen Menschen in Liebe und Verantwortung begegnen und sie ermutigen, sich mit uns gemeinsam auf den Weg zu machen.

Dem dreieinigen Gott entgegen und von ihm geführt in ein Leben in die Freiheit der Kinder Gottes! Und dereinst in das ewige Leben in Gottes Reich, das unseren irdischen Augen noch verborgen ist. So erfahren wir die „unendlich tiefe Wahrheit und Gottheit des Dreieinen Gottes“ und „finden in IHM das Geheimnis von LEBEN und seiner Fülle. Wir erfahren Gott, weil ER allein Herr des Lebens und unseres Lebens ist, als Vater, als Sohn und Heiligen Geist und als unseren Herrn und Bruder gleichermaßen. Amen

22. 05. 2005

„Musik – Atem zum Leben“

11. Sonntag nach Trinitatis (Psalm 150)

„Musik drückt das aus, was nicht gesagt werden kann und worüber zu schweigen unmöglich ist.“[48]

Liebe Gemeinde,
diese Worte des französischen Schriftstellers Victor Hugo drücken genau das aus, was wir jede Woche im Gottesdienst spüren. In den Klängen und Tönen unserer Lieder und der gespielten Musik wird unsere Seele tief in uns zum Klingen gebracht. Unsere tiefsten Wünsche und Sehnsüchte brechen sich Bahn und auch wenn wir es in Worten nicht immer ausdrücken können, so erfahren wir, was es heißen kann, Gott zu loben.

Seit Freitagabend erklingen, ja erschallen in den verschiedensten Besetzungen und Klangarten hier im Gemeindezentrum die unterschiedlichsten Instrumente. – Die Jugendlichen kamen unter dem Motto „Bandcoaching Liedbegleitung“ zusammen, um das Zusammenspiel einzelner Musiker, Sänger und Bands zu trainieren, damit sie in Jugendgottesdiensten die Gemeinde musikalisch begleiten können. Und wenn es einen passenden Ort gibt, solches einzuüben, dann ist es die Kirche. Wir sind glücklich, dass Ihr alle das Loben Gottes in unserem Gemeindezentrum ausprobiert habt und euch bereit erklärt habt, auch unseren Gottesdienst musikalisch mitzugestalten.

Wenn es einen biblischen Bezug für Instrumentalmusik gibt, dann ist es Psalm 150! Der Psalm, der als letztes Gebet im Buch der Psalmen steht. – Hörnerschall, Harfen,

---

[48] Victor Hugo: http://www.zitate-online.de/literaturzitate/allgemein/1454/die-musik-drueckt-das-aus-was-nicht-gesagt.html

Handtrommeln – Saiteninstrumente, Flöten, klingende, ja lärmende Becken. Alles soll zum Lob Gottes eingesetzt werden.

Heute Morgen wollen wir darüber nachdenken und dem nachspüren, was es heißt, Gott zu loben! Ich lese den 150. Psalm in einer neuen Übersetzung:

1 *Halleluja! Lobt Gott in seinem Heiligtum,*
lobt ihn im Himmelsgewölbe, das seine große Macht zeigt!
2 *Lobt ihn für seine gewaltigen Taten,*
lobt ihn, denn seine Größe ist unermesslich!
3 *Lobt ihn mit Hörnerschall, lobt ihn mit Harfe und Zither!*
4 *Lobt ihn mit Pauke und Reigentanz,*
lobt ihn mit Saiteninstrumenten und Flötenspiel!
5 *Lobt ihn mit hell tönenden Zimbeln,*
lobt ihn 'auch` mit tief schallenden Zimbeln!
6 *Alles, was atmet, lobe den HERRN! Halleluja!*[49]

Liebe Gemeinde,
der 150. Psalm ist ein einziger großer Aufruf, Gott zu loben. Ja, ihn zu loben in seinem Heiligtum, an der Himmelswölbung seiner Macht, mit allem was wir haben, was wir sind und solange unser Atem reicht!

Gott loben, was ist das eigentlich? Wie geht das? Wie macht man das? Vor allem hat es mit unserem Atem zu tun. Hörnerschall, Harfen, Handtrommeln – Saiteninstrumente, Flöten, klingende, ja lärmende Becken und viele Instrumente mehr, in ihren ganz unterschiedlichen Klangarten – all das kommt danach. Aber alles beginnt mit dem Atem, den Gott bei der Erschaffung des Menschen in seine Nase blies.

---

[49] Bibeltext der Neuen Genfer Übersetzung – Neues Testament und Psalmen Copyright © 2011 Genfer Bibelgesellschaft. Wiedergegeben mit freundlicher Genehmigung. Alle Rechte vorbehalten

Durch den Atem Gottes wurde der Mensch ein lebendiges Wesen! Bis heute gilt dies! Denn ohne den Atem können wir nicht leben. Unser Atem strömt aus und er strömt ein. Deshalb gilt: *„Alles, was atmet, lobe den HERRN!“*[50]

Wenn wir uns einmal darauf einlassen, im Ein- und Ausatmen die Lebendigkeit der Bewegung und damit das Leben zu spüren, dann können wir etwas davon ahnen, dass Gott uns zutraut, dieses Leben zu gestalten und mit Sinn zu erfüllen.

Aus dem Atem wird Klang, Ton und Artikulation, Melodie und Rhythmus – mit einem Wort: Gesang. – Singen ist sicher die Grundform des Gotteslobes: Mit dem Klang unserer Stimme wird unser Atem selbst zum Instrument. Aus Atem entsteht Klang und mit ihm strahlt auf, was Gott tut und wie Gott ist. Alles kommt zu Gehör: *„Lobt ihn für seine gewaltigen Taten, lobt ihn, denn seine Größe ist unermesslich!“*[51]

Doch dann geht es weiter: Nehmt eure Hände und Füße, eure Lippen und Zungen dazu: Klatscht und stampft, pfeift und schnalzt! Sucht euch weitere Klänge dazu: Hölzer, Steine und Metalle; Knochen, Därme und Felle; Steine, Blätter und Wasser! Macht Instrumente daraus! – Damit all das, was in Gottes Schöpfung selbst keinen Atem mehr hat, – wie in einer großen Symphonie – mitklingen kann. Denn dann schallt das Gotteslob weiter, als es mit unserem Atem allein gelingen kann.

„Alles, was atmet, lobe den HERRN! Halleluja!“[52] Diese Aufforderung geht an uns Menschen. Vielleicht brauchen wir sie heute mehr denn je. Ist es doch nicht von der Hand zu weisen, dass wir oft genug am Lärm, der uns umgibt, leiden. Unser Gehör wird durch die übermäßige Lautstärke oft schon in jungen Jahren so geschädigt, das HNO-Ärzte bereits Alarm schlagen! Sie befürchten, dass Schwerhörigkeit immer

[50] Bibeltext der Neuen Genfer Übersetzung – Neues Testament und Psalmen Copyright © 2011 Genfer Bibelgesellschaft. Wiedergegeben mit freundlicher Genehmigung. Alle Rechte vorbehalten

[51] s. oben (Fußnote [47])

[52] s. oben (Fußnote [47])

mehr Jüngere betrifft. Viel schwerer aber wiegt, dass wir inmitten überlauter Beschallung unsere eigenen Möglichkeiten - Gott zu loben - vergessen.
Tiere brauchen zum Lob Gottes nicht aufgefordert zu werden. Sie nehmen am Lob Gottes auf ihre Art und Weise teil. Sie singen und spielen auf ihre Art und Weise: Die zwitschernden oder krächzenden Vögel und die muhenden Kühe, die wiehernden Pferde und meckernden Ziegen, die heulenden Wölfe und brüllenden Löwen, die bellenden Hunde und miauenden Katzen – alle singen mit ihrem Atem. Die zirpenden Grillen und klappernden Störche und Schlangen, die klopfenden Spechte und viele Tiere mehr loben Gott mit uns. Wir können von ihnen lernen, sich durch nichts aus der Spur bringen zu lassen.

Über die unterschiedlichsten Klänge können wir alles ausdrücken: Freude, Traurigkeit, Zweifel, Wut, Lust, Liebe, Ängste, Zuversicht u. v. m.. Die ganze geschaffene Welt und alle Gefühle erklingen in tausend Farben in der Musik. In ihr klingt der Atem des Lebens, den Gott in die Nase des Menschen blies, um ihn und damit Jeden und Jede unter uns zu beseelen. Wie immer wir in unserem Innersten gestimmt sind. *„Musik drückt das aus, was nicht gesagt werden kann und worüber zu schweigen unmöglich ist.“*[53]

Wenn wir es wagen, Gott in allen Lebenslagen, in allen möglichen Formen zu loben, dann spüren wir etwas davon, was es heißt, Kind Gottes zu sein. Gottes Geist wohnt in uns, macht uns in jeder Situation Mut. ER beschwingt unser Inneres und hilft uns dadurch, mit aller Zuversicht nach vorne zu blicken.

Unsere Zukunft ist Gott selbst! ER hilft uns, unser Leben hier zu gestalten. Und eines Tages werden wir ihn schauen von Angesicht zu Angesicht und ihn mit allen Engeln bis in alle Ewigkeit in seinem Reich loben. Amen

23. 08. 2009

[53] Victor Hugo: http://www.zitate-online.de/literaturzitate/allgemein/1454/die-musik-drueckt-das-aus-was-nicht-gesagt.html

„Liebe!“
13. Sonntag nach Trinitatis (1. Johannes 4,7-12)

Liebe Gemeinde,

lesen Sie manchmal Jugendbücher? Ich für meinen Teil schon. Dabei denke ich an Bücher wie die Trilogie Tintenwelt von Cornelia Funke, das Epos „Herr der Ringe“ von J. R. R. Tolkien und natürlich auch die 7-bändige Reihe über Harry Potter der englischen Schriftstellerin Joanne K. Rowling. Es lohnt sich darin zu lesen, zumal es u. a. höchst politische Themen sind, die darin anklingen.

Neben Harry Potter selbst ist sein Gegenspieler Lord Voldemort eine höchst bedenkenswerte Persönlichkeit. Er, der größte dunkle Zauberer aller Zeiten, kennt alle Tricks, um Menschen zu unterwerfen. Er hält aber rein gar nichts von der Liebe. Diese Kraft und – wenn Sie so wollen – Macht, die ist ihm aufgrund seiner Grausamkeiten so fern wie die Erde der Sonne.

Bis zum Showdown der Geschichte macht er sich geradezu lustig über die Liebe. *„Liebe, ist es wieder die Liebe, die du ins Spiel bringst?“* fragt er mehrfach seine Gegner. Und bevor er durch seinen eigenen Todesfluch stirbt, schleudert er auch Harry diese Frage – verbunden mit einem höhnischen Grinsen – entgegen: *„Liebe, Dumbledores Lieblingsrezept. Liebe, die, wie er behauptete, den Tod besiegen wurde, auch wenn Liebe es nicht verhindert hat, dass er vom Turm fiel und wie eine alte Wachsfigur zerbrach?“*[54] Letztlich bringt ihn genau diese Unwissenheit und Ignoranz der Liebe gegenüber zu Fall.

Vielleicht fragen Sie sich, warum ich meine Predigt ausgerechnet damit beginne. Und Sie fragen zu Recht! Meine Begründung ist einfach: Die Liebe ist das größte

[54] Joanne K. Rowling: Harry Potter und die Heiligtümer des Todes S. 747, © Carlsen Verlag GmbH, Hamburg 2007

Geschenk und die größte Kraft, die wir von Gott erhalten haben. Sie lebt durch seinen Geist in uns und befähigt uns zu Taten, die wir nie für möglich gehalten hätten. Jesus selbst sagt seinen Jüngern: *„Ich versichere euch: Wer an mich glaubt, wird die Dinge, die ich tue, auch tun; ja er wird sogar noch größere Dinge tun. Denn ich gehe zum Vater." Joh 14, 12*[55]

Und der uns unbekannte Verfasser des 1. Johannesbriefes widmet der Liebe alle 5 Kapitel. Von der Form her ist dieser Brief allerdings mehr eine Predigt als ein wirklicher Brief. Vermutlich entstand er in einer Gemeinde, in der das Johannesevangelium hoch geschätzt wurde. Ich lese im 4. Kapitel die Verse 7 bis 12:

7 Meine Freunde, wir wollen einander lieben, denn die Liebe hat ihren Ursprung in Gott, und wer liebt, ist aus Gott geboren und kennt Gott.

8 Wer nicht liebt, hat Gott nicht erkannt; denn Gott ist Liebe.

9 Und Gottes Liebe zu uns ist daran sichtbar geworden, dass Gott seinen einzigen Sohn in die Welt gesandt hat, um uns durch ihn das Leben zu geben.

10 Das ist das Fundament der Liebe: nicht, dass wir Gott geliebt haben, sondern dass er uns geliebt und seinen Sohn als Sühneopfer für unsere Sünden zu uns gesandt hat.

11 Meine Freunde, da Gott uns so sehr geliebt hat, sind auch wir verpflichtet, einander zu lieben.

12 Ihn selbst hat niemand je gesehen. Doch wenn wir einander lieben, lebt er in uns, und seine Liebe hat uns von Grund auf erneuert. [56]

Liebe Gemeinde,

eigentlich könnte ich hier schon aufhören mit der Predigt, denn diese Worte sprechen – wie eine Predigt – von selbst. Dennoch mache ich noch nicht Schluss, sondern

---

[55] Bibeltext der Neuen Genfer Übersetzung – Neues Testament und Psalmen Copyright © 2011 Genfer Bibelgesellschaft. Wiedergegeben mit freundlicher Genehmigung. Alle Rechte vorbehalten

[56] s. oben (Fußnote [52])

wende mich dem letzten Vers zu, um mit Ihnen gemeinsam darüber nachzudenken: *„Ihn selbst hat niemand je gesehen. Doch wenn wir einander lieben, lebt er in uns, und seine Liebe hat uns von Grund auf erneuert."*[57]

Wer unter uns kennt sie nicht, die Diskussionen darüber, ob es Gott gibt oder eben nicht. Vor allem taucht die Frage immer wieder da auf, wo Unrecht geschieht. Und erst recht taucht sie auf, wo wir Situationen ohnmächtig gegenüber stehen. In unserem Vers werden wir aber auf einen ganz wesentlich Punkt aufmerksam gemacht. Die Existenz Gottes wird gekoppelt mit der „göttlichen Liebe," die im ganzen Text einfach als Liebe übersetzt wird. Im griechischen Urtext wird sehr genau unterschieden zwischen der Freundesliebe, der erotischen Liebe und eben der göttlichen Liebe, die in unserem Textabschnitt gemeint ist. Agape haben nicht alle Menschen dieser Welt zur Verfügung, auch wir Christen nicht. Sie lebt aber in uns, durch die Geistkraft Gottes, die wir bei unserer Taufe erhalten haben.

Doch um dieser Kraft die Möglichkeit zur Entfaltung zu geben, bedarf es immer wieder aufs Neue unserem „Ja" zu Gottes Willen und Führung in unserem Leben. Und dann ist *»für den, der glaubt, alles möglich.«*[58] wie Jesus es dem verzweifelten Vater bei der Bitte um Heilung seines epileptischen Jungen sagt.

Die Liebe – gerade auch die Liebe untereinander – die gibt auch der Gemeinde Fernstehenden darüber Aufschluss, dass es Gott gibt. Das heißt nicht, dass wir zu allem „Ja und Amen" sagen müssen, was Menschen in unserer Gemeinde tun. Aber es heißt, dass wir spüren, zueinander zu gehören und einander zu achten und Wert zu schätzen, dass wir einander vertrauen und uns ermutigen unseren Lebensweg mit Gott zu gehen.

Ohne Glauben sind wir arm und ohne Liebe nicht lebensfähig. Die Liebe Gottes zieht uns zueinander hin. Und sie schenkt uns die Möglichkeit, einander mit ganz anderen Augen zu sehen, als die Welt die Menschen sieht. Agape beurteilt den Menschen

---

[57] Bibeltext der Neuen Genfer Übersetzung – Neues Testament und Psalmen Copyright © 2011 Genfer Bibelgesellschaft. Wiedergegeben mit freundlicher Genehmigung. Alle Rechte vorbehalten

[58] s. oben (Fußnote [55])

weder nach seinen Leistungen, noch nach seiner beruflichen Karriere, geschweige denn nach seinem Geldbeutel.

Agape befähigt uns, einander mit den Augen des Herzens zu sehen. Sie befähigt uns, uns nicht nach Geschlecht, Herkunft oder Nützlichkeit zu beurteilen, sondern nach der Zugehörigkeit zu der Gemeinde, dessen oberster Hirte Jesus Christus selbst ist. Wenn wir das schaffen, dann *„lebt Gott in uns, und seine Liebe hat uns von Grund auf erneuert."*[59]

Es ist ein hohes Ziel – gewiss – aber es ist das lohnende ZIEL schlechthin, das wir gemeinsam im Auge behalten sollten. Gelingt uns dies, dann werden wir – dessen bin ich gewiss – für andere Menschen einen Ort gestalten, an dem sie ihre Heimat finden und sich geborgen fühlen. Dann geht von unserer Gemeinde eine Kraft aus, die den Boden für große Taten bereitet und unserem Leben einen tiefen Sinn schenkt. Auf diese Weise wird uns letztlich ein großer innerer Friede geschenkt, der uns inmitten unseres hektischen Alltags zur Ruhe kommen lässt.

Aus dieser Ruhe erwächst uns eine Kraft, die Jedem und Jeder unter uns helfen kann, das Böse zu besiegen. Das gilt im Großen, wie im Kleinen, an jedem Ort, an dem wir sind. Durch Gottes Liebe müssen wir uns keiner Mehrheit unterwerfen, sondern wir sind frei, uns dem Unrecht entgegenzustellen.
Das gilt für Jung und Alt gleichermaßen. Wir können – Jede und Jeder für sich – Beispiele finden, wo wir durch Gottes Liebe befähigt „gegen den Strom" schwimmen können und dadurch unsere Welt heller und gerechter werden lassen.

Genau das lesen unsere Jugendlichen in den Harry Potter Büchern: Denn ihr Held Harry bekämpft den dunklen Zauberer nicht mit dessen Mitteln! Er benutzt keine Todesflüche! Nein, er siegt, weil in ihm die Liebe verankert ist und er von daher

---

[59] Bibeltext der Neuen Genfer Übersetzung – Neues Testament und Psalmen Copyright © 2011 Genfer Bibelgesellschaft. Wiedergegeben mit freundlicher Genehmigung. Alle Rechte vorbehalten

anders zu handeln gelernt hat. Wie viel mehr, liebe Gemeinde, bewirkt dies die göttliche Liebe in uns!! Möge die Liebe Gottes den Menschen durch uns als Gemeinde, besonders aber durch Gottes Geist zuteil werden! Amen

29. 08. 2010

„Unser Glaube“

17. Sonntag nach Trinitatis (Römer 10,9-11)

Liebe Gemeinde,

heute – am 17. Sonntag nach Trinitatis – steht unser Glaube sozusagen auf dem „Prüfstand.“ Wie wirkt sich unser Glaube auf unser Leben, auf unsere Mitmenschen – und letztlich auch auf unsere Stadt, unser Land und die Welt aus?

Diese Frage trieb offensichtlich auch den Apostel Paulus um. Immer wieder stellt er Überlegungen zum Glauben und seinen Auswirkungen an! Ein Abschnitt aus seinem Brief an die Gemeinde in Rom zeigt dies deutlich. Ich lese aus dem 10. Kapitel die Verse 9 bis 11:

9 *Wenn du also mit deinem Mund bekennst, dass Jesus der Herr ist, und mit deinem Herzen glaubst, dass Gott ihn von den Toten auferweckt hat, wirst du gerettet werden.*

10 *Denn man wird für gerecht erklärt, wenn man mit dem Herzen glaubt; man wird gerettet, wenn man den Glauben mit dem Mund bekennt.*

11 *Darum heißt es in der Schrift: »Jeder, der ihm vertraut, wird vor dem Verderben bewahrt werden.«* [60]

Liebe Gemeinde,
»Jeder der Gott vertraut, wird vor dem Verderben bewahrt werden.«[61] Dieser Satz ist für mich die Quintessenz des ganzen Textes! Heißt dies doch: Wer auf Gott vertraut

- wird eine Prüfung bestehen, ohne abschreiben zu müssen

[60] Bibeltext der Neuen Genfer Übersetzung – Neues Testament und Psalmen Copyright © 2011 Genfer Bibelgesellschaft. Wiedergegeben mit freundlicher Genehmigung. Alle Rechte vorbehalten

[61] s. oben (Fußnote [58])

- wird eine Arbeitsstelle bekommen, auch wenn die Suche womöglich lange dauert
- wird nicht allein sein, weil eine Gemeinschaft ihn/sie trägt
- wird alles zum Leben haben, was er/sie braucht!

So oder so ähnlich könnten unsere Schlussfolgerungen sein. Doch ist dies auch so? Sicher nicht immer für alle zu jeder Zeit gleich erkennbar! Doch für Paulus ist die Rettung so nah, dass sie ganz sicher demjenigen zuteil wird, der mit Herz und Mund – mit seinem Sprechen, Denken und Fühlen – ganz und gar allein auf das rettende Handeln Gottes in Jesus Christus baut und vertraut. Die Rettung aus aller Not heraus! Das heißt nicht, dass wir keine Mühen mehr hätten, dass uns alles „wie im Schlaf" gelingen wurde. Aber es bedeutet, dass wir nicht tricksen müssen, sondern unser Leben geradlinig – in dem Wissen, dass Gott auf unserer Seite ist – führen können!

In diesem Wissen können wir uns an friedlichen Protesten beteiligen, so wie es die AKW-Gegner am vergangenen Wochenende in Berlin getan haben. Es waren Zehntausende, die den Kurs unserer Regierung in punkto Atomkraft so satt haben, dass sie ihren Protest höchstpersönlich bekundeten und dafür keinen Aufwand, keine Mühe gescheut haben. Zehntausende, die fest davon überzeugt sind, dass ihr Protest etwas bewirkt, darunter viele, die zum ersten Mal für ihre Überzeugungen demonstrierten. Was aus diesem Protest wird, bleibt abzuwarten – aber diese Menschen sind in ihrem Handeln überzeugend.

Es sind längst nicht alle Christen, die sich zu solchen Protesten aufmachen! Doch von ihrer Bereitschaft, ihre Grundsätze zu vertreten, können wir Christen lernen! Wann gehen wir denn für unsere Glaubensüberzeugungen so an die Öffentlichkeit? Selbst auf den Kirchentagen sind Proteste immer ruhiger geworden. Woran liegt das? Fehlen uns konkrete Ziele oder ein konkreter Konflikt, für oder gegen die oder den es sich zu kämpfen lohnt? Ich glaube, uns fehlt es an der nötigen Begeisterung!

Wir brauchen Menschen, die Begeisterung hervorrufen. Und wir brauchen Menschen, die sich von dieser Begeisterung anstecken lassen. Denn wir haben von Gott einen großen Reichtum geschenkt bekommen. Diesen sollen wir in unserer Welt austeilen, weitergeben! Gerechtigkeit und Rettung sind uns mit unserem Glauben bereits geschenkt worden.

Diese Botschaft ist so befreiend, dass wir vor Freude in die Luft springen müssten. Von Gott für gerecht erklärt zu werden, jenseits aller eigenen Unvollkommenheit, das ist wahrhaft frohe Botschaft! Bei jeder Entscheidung, die wir treffen, sollte uns das bewusst sein! Oft ist vorher ja gar nicht absehbar, welche Entscheidung die richtige ist. Im Kleinen wie im Großen gibt es neben den Gewinnern auch Verlierer. Manchmal tun wir auch bewusst Unrecht, weil wir die Nase voll haben oder weil es in einer zerrütteten Beziehung schlicht nicht mehr möglich ist, aufeinander zuzugehen oder weil wir so schwer über den eigenen Schatten springen können.

Welche Wohltat, dass Gott uns auch dann noch festhält, uns gerecht spricht und einen Neubeginn jeder Zeit möglich macht! Wir haben einen Gott an unserer Seite, der uns an Seiner Hand durchs Leben führen will. ER hat sich – indem er Mensch wurde – ganz auf uns eingelassen, um uns vorzuleben, wie das Miteinander im Leben gelingen kann. Das Einzige, was wir tun müssen, ist auf Gott zu vertrauen oder wie Paulus es ausdrückt: Gott mit unserem Herzen zu vertrauen und unseren Glauben öffentlich zu bekennen.

Wir haben eine unglaublich frohe Botschaft erhalten: Gott bewahrt uns vor dem Verderben, in das wir an allen Ecken und Enden als Täter wie als Opfer in dieser Welt hineingeraten können und beschenkt uns mit neuem Leben, einer neuen Hoffnung, einem neuen Anfang. Diese Botschaft gilt es weiterzusagen, denn sie ist keine Geheimbotschaft.

Kein Mensch hat an Gott Exklusivrechte! Gottes Rettung gilt allen Menschen gleichermaßen, unabhängig ihrer Herkunft und ihrer Traditionen. Es ist Zeit, diese Nachricht weiterzutragen; nicht durch schöne Reden, sondern indem wir danach handeln. Dazu reicht es, sich erst einmal kleine Ziele zu stecken und auf sie hinzuarbeiten. Das gilt für jeden unter uns persönlich. Wirkungsvoller aber ist es, wenn wir uns als Gemeinde Ziele setzen und diese gemeinsam umsetzen.

Wir können zeigen, dass wir in unserer globalisierten Welt für fairen Handel sorgen können, der nicht ausbeutet, sondern Armut aufhebt. Dazu gehört, dass wir anderen und auch uns selbst gegenüber ehrlich bleiben und nicht irgendwelche Zahlen und Verhältnisse schön reden. Wir können es unseren Politikern zeigen, was es heißt, unsere Verantwortung für Gottes Schöpfung wahr- und ernst zu nehmen, indem wir beispielhaft vorangehen:

- indem wir uns für umweltfreundliche Technologien einsetzen
- indem wir uns dafür stark machen, dass alle Menschen einen garantierten Zugang zu sauberem Trinkwasser haben.

Ebenso wichtig ist es, einander im täglichen Leben wertzuschätzen und zu respektieren, füreinander da zu sein und damit Gottes Liebe lebendig und spürbar werden zu lassen. Gott braucht uns, um Seine Botschaft weiterzusagen. Und wir können einiges tun, damit das, woran wir glauben, auch für andere erstrebenswert wird.

Liebe Gemeinde,
was unser Herz bewegt, das erfüllt unser Leben. Wo das Herz spricht, treten kluge Gedanken zurück. Denn was aus dem Herzen kommt, hat mehr Kraft und Energie als es je äußere Machtansprüche haben können. Darauf zu vertrauen, dass Gott Jesus von den Toten erweckt hat, macht ein Scheitern im Leben seiner Kinder unmöglich!

Wenn das keine gute Nachricht ist, dann weiß ich nicht, was eine gute Nachricht sein soll! Der Glaube an die Auferstehung ist eine Sache unseres Herzens. Sind wir davon erfüllt und bewegt, werden wir dies auch Andere im guten, ja besten Sinne spüren lassen.

Der Glaube an die Auferstehung macht uns frei, unser Leben so anzunehmen, wie es ist und den Realitäten, die uns Angst machen, zu widerstehen. Wir müssen nicht davon träumen, wie schön es wäre, unser Leben noch einmal zu beginnen. Nein, wir können unser Leben so bejahen, wie es jetzt ist. Es behält seine Gültigkeit, so wie es sich uns zeigt. Doch im Wissen, dass Gott an unserer Seite steht, gehen wir mit neuer Zuversicht und Hoffnung in unsere Zukunft. Denn für uns alle gilt: *»Jeder der Gott vertraut, wird vor dem Verderben bewahrt werden.«*[62] Amen

26. September 2010

---

[62] Bibeltext der Neuen Genfer Übersetzung – Neues Testament und Psalmen Copyright © 2011 Genfer Bibelgesellschaft. Wiedergegeben mit freundlicher Genehmigung. Alle Rechte vorbehalten

„Kürbis gegen Reformation"

Reformationstag (Römer 3,20-28)

Liebe Gemeinde,

„Kürbis schlägt Martin Luther" titelte eine Zeitung vor einigen Jahren und beschrieb darin ausführlich, warum Martin Luther und der Reformationstag endgültig ausgedient hätten und zu Recht durch Halloween abgelöst wurden.

Eine gegenteilige Meinung äußerte Margot Käßmann vor 2 Jahren in einem Interview des Deutschlandfunks: *„Der Halloween-Brauch ist Ausdruck der Spaßgesellschaft. Er ist der Versuch, von den ernsten Fragen des Lebens abzulenken. ... Es ist anstrengender, sich mit der Reformation auseinanderzusetzen, als um einen Kürbis herum zu tanzen."*[63]

Diese Überzeugung teilen wir ohne Abstriche und sind von daher als evangelische Christen und Christinnen davon überzeugt, dass wir heute Morgen den „Kampf" zwischen Kürbis und Martin Luther aufnehmen können. Ich bin sicher: Wir werden gewinnen! Unser Motto heißt demgemäß: Martin Luther schlägt Kürbis!

„Schlagen" passt zum Reformationstag, jenem Tag, dem 31. Oktober 1517, an dem der Augustinermönch und Professor der Theologie, Dr. Martin Luther, 95 Thesen an die Tür der Schlosskirche zu Wittenberg annagelte. Der Lärm seiner Hammerschläge ist regelrecht bis heute hörbar!

Auch die nachfolgenden „Schläge," die uns die Kirchengeschichte überlieferte: Das Verhör vor dem Kaiser in Worms, indem Luther ausrief: *„Hier stehe ich. Ich kann nicht anders. Gott helfe mir. Amen!"* Mit diesem Satz stürzt eine ganze Glaubenswelt

[63] Interview mit Margot Käßmann, Landesbischöfin Hannover, 31. 10. 2008 im Deutschlandfunk

zusammen. Am Reformationstag tauchen gewaltige Bilder und Erinnerungen vor unseren inneren Augen auf:

- Luthers Kampf mit dem Teufel auf der Wartburg – mit Kreide schreibt er auf den Tisch: *„Ich bin getauft!"* Das Tintenfass schleudert er gegen die Wand und der Teufel verschwindet für immer.
- Auf dem Marktplatz zu Wittenberg werden die päpstlichen Schreiben, einschließlich der Bannbulle, ins Feuer eines Scheiterhaufens geworfen.

Luther zeigt weder vor dem Papst noch vor der weltlichen Macht Angst. Deshalb singen wir Protestanten bis heute das Lied: *„Ein feste Burg ist unser Gott, ein gute Wehr und Waffen. ... Und wenn die Welt voll Teufel wär' und wollt uns gar verschlingen, so fürchten wir uns nicht so sehr ..."*[64]

Mit solcher Spannung können weder ein ausgehöhlter Kürbis noch eine Gruselparty mithalten.

1517, liebe Gemeinde, leben viele Menschen in Angst und Unsicherheit. Seuchen und Krankheiten, Kriege in vielen Teilen Europas, Aufstände unterdrückter Bauern gegen ihre Grundherren – das alles und mehr verunsichert die Menschen. Darüber hinaus fragen sie auch nach der Sicherheit für das Leben nach dem Tod. Denn die Androhung des Fegefeuers macht ihnen Angst. Hören sie doch in den Kirchen: Niemand bleibt verschont. Alle müssen ihre Sünden im Fegefeuer büßen.

Um das Jahr 1517 sind die politischen Konflikte zwischen dem Papst in Rom und dem Kaiser in der Mitte Europas in einer Art Waffenstillstand zur Ruhe gekommen. Doch den Papst plagt chronische Geldnot. Er will die Peterskirche in Rom zu einem einmaligen Denkmal machen, zur größten Kirche der Christenheit.

---

[64] Evangelisches Gesangbuch, Ausgabe für die Evangelischen Kirchen im Rheinland, Westfalen und Lippe, Nr. 362 aus Strophe 1 und 3 , © Gütersloher Verlagshaus 2001

Im Dominikanermönch Tetzel findet er einen herausragenden Strategen. Einen, der für die Menschen Vertrauen ausstrahlt. Sie glauben ihm, dass er sich mit dem Fegefeuer auskennt und weiß, wie man davon freikommt:

Ein paar Groschen spenden, um die täglichen Sünden loszuwerden. Dafür erhält der Spender einen Ablassbrief – versehen mit dem päpstlichen Siegel. Das bürgt für Qualität und Sicherheit. Für eine kurze Weile kauft man sich von der Angst frei. Doch was passiert mit den künftigen Sünden? Darauf steht doch erneut Fegefeuer.

Deshalb kommen die Menschen zu ihm und stellen heimlich diese Frage. Genauso heimlich macht er ihnen ein ganz besonderes Angebot. Nicht billig, aber immerhin können sie für die künftigen Sünden im Voraus bezahlen. Und darüber hinaus verspricht er, dass sie selbst ihre Verstorbenen aus dem Fegefeuer befreit können: *„Sobald der Gülden im Becken klingt / im huy die Seel im Himmel springt!" – „Wenn das Geld im Kasten klingt, die Seele (aus dem Fegefeuer) direkt in den Himmel springt."*[65]

Tetzel hatte Ideen, zu Geld zu kommen – natürlich für einen guten Zweck und aus reiner Menschenliebe. Doch die Ablasszettel gaben nur für eine kurze Zeit Sicherheit. Sehr bald kamen die Fragen wieder und der Teufelskreis begann von neuem. Das war um 1517.

Bis heute – 2010 – gibt es den Ablass in der römisch-katholischen Kirche. Vornehmer verpackt – als besonderer Ablass zum Heiligen Jahr zum Beispiel oder bei bestimmten Wallfahrten. Die Auftraggeber der „Tetzels von 2010" haben allerdings andere, feinere, nicht kirchliche und raffiniertere Methoden, um zu Geld zu kommen. Manchmal sammeln sie unter eigenem Namen, meist aber steht ein Großer dahinter: San Myung Moon, der Begründer der sog. Vereinigungskirche, die Führer

---

[65] Artikel über Johann Tetzel bei Wikipedia. Vgl. http://de.wikipedia.org/wiki/Johann_Tetzel

von Scientology, die Nachfahren des Bhagwan oder Gabriele Wittek, Gründerin und Leiterin des „Universellen Lebens“ von dem sie als Prophetin bezeichnet wird.

Es wäre zum Lachen, würden nicht Hunderte, Tausende auf diese Maschen hereinfallen.

Die modernen „Tetzels dieser Welt“ haben genauso Erfolg wie ihr Vorgänger im 16. Jahrhundert. Menschen werden zufriedener, ruhiger, weniger gestresst, verlieren die Angst. Doch es ist – wie damals – ein nur kurzer Erfolg! Auf Dauer werden die tiefen Fragen nach dem Sinn des Lebens so nicht beantwortet. Dabei liegt doch klar auf der Hand: Kein noch so begnadeter Guru kann mit Meditation oder Fasten, Horoskopen oder Talismanen darauf eine Antwort geben. Denn auf diese Fragen gibt es keine Antworten für Geld!

Es gibt auch kein Mittel, das verhindern könnte, dass wir schuldig werden und in unserem Leben Fehler begehen. Von daher ist es gut, dass sich der Apostel Paulus schon dieser Fragen angenommen und Schlussfolgerungen gezogen hat. Ich lese aus dem Brief an die Gemeinde in Rom im 3. Kapitel die Verse 20 – 28:

20 *Denn auch durch das Befolgen von Gesetzesvorschriften steht kein Mensch vor Gott gerecht da. Das Gesetz führt vielmehr dazu, dass man seine Sünde erkennt.*

21 *Doch jetzt hat Gott – unabhängig vom Gesetz, aber in Übereinstimmung mit den Aussagen des Gesetzes und der Propheten – seine Gerechtigkeit sichtbar werden lassen.*

22 *Es ist eine Gerechtigkeit, deren Grundlage der Glaube an Jesus Christus ist und die allen zugute kommt, die glauben. Dabei macht es keinen Unterschied, ob jemand Jude oder Nichtjude ist,*

23 *denn alle haben gesündigt, und in ihrem Leben kommt Gottes Herrlichkeit nicht mehr zum Ausdruck,*

24 *und dass sie für gerecht erklärt werden, beruht auf seiner Gnade. Es ist sein freies Geschenk aufgrund der Erlösung durch Jesus Christus.*

25 *Ihn hat Gott vor den Augen aller Welt zum Sühneopfer für unsere Schuld gemacht. Durch sein Blut, das er vergossen hat, ist die Sühne geschehen, und durch den Glauben kommt sie uns zugute. Damit hat Gott unter Beweis gestellt, dass er gerecht gehandelt hatte, als er die bis dahin begangenen Verfehlungen der Menschen ungestraft ließ.*

26 *Wenn er Nachsicht übte, geschah das im Hinblick auf das Sühneopfer Jesu. Durch dieses hat er jetzt, in unserer Zeit, seine Gerechtigkeit unter Beweis gestellt; er hat gezeigt, dass er gerecht ist, wenn er den für gerecht erklärt, der sein ganzes Vertrauen auf Jesus setzt.*

27 *Hat da noch irgendjemand einen Grund, auf etwas stolz zu sein? Nein, das ist jetzt ausgeschlossen. Folgt das etwa aus dem Gesetz? Sofern das Gesetz zu Leistungen auffordert: nein; sofern das Gesetz jedoch zum Glauben auffordert: ja.*

28 *Denn wir gehen davon aus, dass man aufgrund des Glaubens für gerecht erklärt wird, und zwar unabhängig von Leistungen, wie das Gesetz sie fordert.*[66]

Liebe Gemeinde,
warum ist es so schwer, diesen einfachen Worten der Bibel zu trauen? Liegt es daran, dass wir beschenkt werden ohne etwas leisten zu müssen!? Ja, Gott liebt uns ohne Vorleistung. Wir müssen nichts dafür tun. Seit Beginn unseres Lebens sind wir Gottes Kinder. Deshalb hat unser Leben Sinn, egal was wir daraus machen. Wir sind – ohne etwas dafür tun zu müssen – geliebt. Geschenkt wird uns alles: Die Liebe

[66] Bibeltext der Neuen Genfer Übersetzung – Neues Testament und Psalmen Copyright © 2011 Genfer Bibelgesellschaft. Wiedergegeben mit freundlicher Genehmigung. Alle Rechte vorbehalten

Gottes, Sinn und damit ein erfülltes Leben. Und weil uns Gott über alle Maßen liebt, werden wir von IHM gerecht gesprochen!

Martin Luther fühlte sich durch den Vers befreit: *„Nach reiflicher Überlegung kommen wir zu dem Schluss, dass Menschen auf Grund von Vertrauen gerecht gesprochen werden – ohne dass schon alles geschafft wurde, was die Thora fordert"*. Er schrieb dazu: *„Da fühlte ich mich ganz und gar wie neugeboren und durch offene Tore trat ich in das Paradies selbst. Da zeigte mir die ganze Schrift ein völlig anderes Gesicht. ... Mit so großem Hass, wie ich zuvor das Wort „Gerechtigkeit Gottes" gehasst hatte, mit so großer Liebe hielt ich jetzt dies Wort als das allerliebste hoch. So ist mir diese Stelle in der Tat die Pforte des Paradieses gewesen."*[67]

Seit jenem Erlebnis gab er allen Menschen den Rat, die Bibel zu lesen, um sich zu erinnern und zu vergewissern, was Sinn macht im Leben und im Sterben! Denn Gott ist der Richter, nicht irgendein Mensch. Er beurteilt unsere Taten mit großer Liebe.

So gesehen, liebe Gemeinde, nehmen wir den Konkurrenzkampf zwischen Halloween und Reformationsfest fröhlich und siegessicher auf! Luthers Sieg gegen den Kürbis ist uns gewiss, denn durch ihn sind wir in unserer Kirche mit einer Freiheit beschenkt, um die uns viele Katholiken bis heute beneiden. Ich bin froh evangelisch zu sein, zu denen zu gehören, die sich Protestanten nennen und damit frei zu sein, gegen alle Ungerechtigkeit und Unfreiheit zu protestieren. Amen

31. Oktober 2010

[67] »Der Gerechte lebt aus dem Glauben« - Martin Luthers „Turmerlebnis" Wiedergabe nach: D. Steinwede [Hrsg.], Erzählbuch zur Kirchengeschichte 2, © Göttingen/Freiburg/Lahr 1987, Vandenhoeck + Ruprecht S.29f

„Erinnerung – Erlösung“

Drittletzter Sonntag des Kirchenjahres (Psalm 74)

„Erinnerung ist das Geheimnis der Erlösung.“[68]

Liebe Gemeinde,

diese Worte eines jüdischen Geistlichen des 17. Jahrhunderts laden uns heute ein, an die Ereignisse des 9. Novembers 1938 in besonderem Maße zu denken. Dieser Tag hat die damals unter uns lebenden Juden bis ins Mark erschüttert und Leid, Tod und Vertreibung in viele Familien gebracht. Der 9. November ist längst „Geschichte“. Doch er wirkt in erheblichem Maße noch in unsere Zeit hinein. Und so stellt sich die Frage, wie wir mit diesem Tag am besten umgehen. Immer mehr Menschen möchten ihn nach 65 Jahren als „abgeschlossene Vergangenheit“ zu den Akten legen. Können wir Christen uns dieser Entscheidung anschließen? Werden wir nicht vielmehr durch die biblischen Texte immer wieder ermuntert, ja aufgerufen, vielleicht sogar in die Pflicht genommen, uns zu erinnern? – Nicht um Geschehenes abzuschließen und zu vergessen, sondern um uns damit auseinander zu setzen?

Manche Texte sind dabei so aktuell, dass wir glauben, sie seien erst in unseren Tagen entstanden. Der 74. Psalm, den wir vorhin gemeinsam gebetet haben, veranschaulicht dies in besonderer Weise. Ich möchte mit Ihnen besonders über die Verse 1 - 9 und 18 + 20 nachdenken.

1 Warum, o Gott, hast du uns für immer verstoßen? Warum trifft uns dein glühender Zorn? Wir sind doch deine Herde, und du bist unser Hirte, der uns auf seine Weide führt!

---

[68] Lehre eines jüdischen Geistlichen (Baal Schem-Tov) aus dem 17. Jahrhundert. Aussage Avi Primor, 1993 bis 1999 Israels Botschafter in Deutschland in einem Artikel „Erinnerung ist das Geheimnis der Erlösung“ SZ vom 07.02.2001 Feuilleton

2 *Denk an deine Gemeinde, die du dir vor langer Zeit als Eigentum erworben hast, die du erlöst und zu dem Volk gemacht hast, das dir allein gehört! Denk an den Berg Zion, auf dem du Wohnung nahmst.*

3 *Mach dich schnellen Schrittes auf zu den Trümmern, die schon seit ewigen Zeiten dort liegen! Alles im Heiligtum haben unsere Feinde verwüstet!*

4 *Laut brüllen die Feinde dort, wo du deinem Volk begegnet bist, überall haben sie ihre Feldzeichen errichtet.*

5 *Wie man mit der Axt zum Schlag ausholt gegen das dichte Geäst im Wald,*

6 *so zerschlugen sie das Gebälk und seine Schnitzereien mit Beilen und mit Brechstangen.*

7 *Dein gesamtes Heiligtum haben sie in Brand gesteckt. Entweiht und dem Erdboden gleichgemacht haben sie deine Wohnung, in der man deinen Namen anrief.*

8 *Ihr Plan stand fest: »Wir wollen sie allesamt niederzwingen!«, so sagten sie. Sie verbrannten alle Stätten im Land, wo man sich zum Gottesdienst versammelt.*

9 *Wir haben kein Zeichen mehr dafür, dass du noch einmal eingreifen wirst. Auch kein Prophet ist mehr da, und niemand unter uns weiß, wie lange dies noch so weitergehen soll.*

10 *Wie lange, o Gott, dürfen unsere Bedränger noch lästern, wie lange dürfen die Feinde deinen Namen immer wieder verhöhnen?*

18 *Denk daran: Die Feinde verhöhnen dich, den HERRN! Sie sind ein gottloses Volk und lästern über deinen Namen!*

20 *Blick 'wieder` auf den Bund, 'den du mit uns geschlossen hast`. Denn in den dunklen Schlupfwinkeln des Landes herrscht rohe Gewalt.*[69]

Liebe Gemeinde,

der 74. Psalm schildert die Vernichtung der jüdischen Heiligtümer, die Zerstörung

[69] Bibeltext der Neuen Genfer Übersetzung – Neues Testament und Psalmen Copyright © 2011 Genfer Bibelgesellschaft. Wiedergegeben mit freundlicher Genehmigung. Alle Rechte vorbehalten

der Synagogen und des Tempels. Es ist ein Gebet aus alten Tagen, über die Jahrhunderte hinweg zeitlos, ein Gebet auch für uns heute. Die Reichskristallnacht weist unseren Blick zurück auf die dunkelsten Stunden deutscher Geschichte, die in Auschwitz ihren Höhepunkt erreichten. Mit den Juden denken wir an die SHOAH, die „Vernichtung", die in „dunklen Winkeln" von der damaligen Staatsmacht beschlossen wurde.

Es gab sie damals, als viele schwiegen, und es gibt sie heute, wenn geschwiegen wird. In dunklen Winkeln werden Vorurteile gepflegt, Hass gesät und böse Pläne erdacht. Und wenn wir gehofft haben, dass das Unfassbare nie wieder von "deutschem Boden" ausgeht, so sehen wir uns an manch dunklen Tagen des 21. Jahrhunderts neuer Gewalt gegenüber.

Denken wir nur an manche Verwüstung jüdischer Friedhöfe, an manchen Versuch, erneut Brände in Synagogen zu legen oder ganz allgemein an Rechtsradikale, denen die Ausländer in unserem Lande oft genug hilflos ausgeliefert sind. „Dunkle Winkel" sind überall da zu finden, wo Fanatiker das letzte Wort haben, wo Menschenrechte mit Füßen getreten werden. In ihnen wird stets versucht, andere Sündenböcke zu finden, um den Blick von eigener Schuld abzulenken.

Dies verdeutlicht auch die jüngste Entgleisung des CDU-Politikers Hohmanns, der in seiner Rede zum 3. Oktober über die Massenmorde während der russischen Revolution sagte: *„ Mit einer gewissen Berechtigung könnte man im Hinblick auf die Millionen Toten dieser ersten Revolutionsphase nach der „Täterschaft" der Juden fragen."*[70] Damit machte er vor allem kommunistische Juden für die Massenmorde während der russischen Revolution verantwortlich. Solches Denken ist m. E. völlig inakzeptabel und unerträglich und es zeigt, dass sich ohne Erinnerung die Geschichte jederzeit wiederholen kann.

[70] Website der Neuhofer CDU: Rede von MdB Martin Hohmann zum Nationalfeiertag 3. Oktober 2003

Leider finden wir auch in uns selbst Gefühle, die wir nicht zulassen wollen und lieber verdrängen, Gefühle wie Neid, Hass und Minderwertigkeitsgefühle. Seelsorger und Therapeuten erleben es Tag für Tag in den Gesprächen mit Menschen, die sich ihnen anvertrauen. Diese negativen Gefühle gehören leider genauso zu uns, wie die hellen und frohen Seiten unserer Seele. Wie ein Schatten begleiten sie jeden Menschen. Und überall da, wo wir Menschen uns diesen Gefühlen ungeschützt ausliefern, gebären sie Mord, Gewalt, Terror und Hass.

Und so liegt bei den Opfern der sinnlosen Gewalt, damals wie heute, die Frage des Psalmisten nahe: *„Warum, o Gott, hast du uns für immer verstoßen? Warum trifft uns dein glühender Zorn? Wir sind doch deine Herde, und du bist unser Hirte, der uns auf seine Weide führt!“*[71] Und damit verbunden auch die Bitte an Gott: *„Denk an deine Gemeinde, die du dir vor langer Zeit als Eigentum erworben hast, die du erlöst und zu dem Volk gemacht hast, das dir allein gehört! Denk an den Berg Zion, auf dem du Wohnung nahmst.“*[72]

Wo immer Menschen anderen Menschen gegenüber Gewalt anwenden, wird diese Frage an Gott gerichtet. Gestern, heute und morgen, es wird immer so sein. Deshalb geht es uns alle an! Auch die nach dem Krieg Geborenen, die weder Täter noch Opfer sind. Denn auch sie müssen sich erinnern. Denn nur durch die Erinnerung ist die Chance gegeben, dass cine Veränderung der Gedanken möglich wird. Denn viele Experimente zeigen, dass es jederzeit möglich ist, Menschen dazu zu bewegen, Täter zu sein. Denken wir nur an jenen jungen Lehrer einer amerikanischen High School, der sich zu einem ungewöhnlichen Experiment entschloss, um seinen Schülern zu beweisen, dass Anfälligkeit für faschistoides Handeln und Denken immer und überall vorhanden ist. Er musste erleben, dass die Bewegung, die er auslöste, drohte, ihn und sein Vorhaben zu überrollen. Sein Experiment geriet außer Kontrolle.

---

[71] Bibeltext der Neuen Genfer Übersetzung – Neues Testament und Psalmen Copyright © 2011 Genfer Bibelgesellschaft. Wiedergegeben mit freundlicher Genehmigung. Alle Rechte vorbehalten

[72] s. oben (Fußnote [69])

Wir wären also hilflos unserem Sinnen und Trachten ausgeliefert, wenn Gott mit uns Christen nicht einen neuen Bund geschlossen hätte. Wenn der Geist Gottes in uns nicht immer wieder den Satz Jesu erinnern wurde: *„Wer von euch ohne Sünde ist, der soll den ersten Stein ... werfen."*[73] Wir sind mit den Menschen des alten Bundes aufs Innigste verbunden. Deshalb gehen uns die Opfer etwas an. Nicht, weil wir mit ihnen verwandt oder bekannt wären, sondern weil Gott ihrer gedenkt. So helfen sie uns auch, uns im Erinnern uns an Gott selbst zu wenden. Denn nur Gott kann uns helfen, nur ER kann die Schuld tilgen. Das Geschehen, das Unfassbare jener Jahre, können wir durch keine noch so gute Tat ungeschehen machen. Doch wir können es dem bringen, der selbst gemartert wurde und der vor uns Gott um Vergebung bittet. Jesus Christus, der Sohn Gottes, leidet am Kreuz von Golgatha. Er wird Opfer der Gewalt, doch mitten in der Dunkelheit seines Todes hält er an Gott fest und steht mitten in der Leidensgeschichte seines Volkes.

„Gott, gedenke deiner Gemeinde!" – so haben Juden in jener Nacht geschrien und später in den Konzentrationslagern. Und weil Gott gedenkt, darum sollen auch wir gedenken. Wir sollen uns daran erinnern, was bei uns geschehen ist. Wir wollen mit unserer Erinnerung Licht in die Dunkelheit unserer Tage bringen. Nachdenken, informieren, erinnern. Wir wollen weder verdrängen, noch sagen: „einmal muss doch Schluss sein", damit die dunklen Kräfte nicht wieder zur Macht kommen. Als Christen bekennen wir: Das Kreuz wird zum Zeichen von Gottes Nähe mitten im Dunkel der Zeit. Es wird zum Zeichen für Gottes Nähe im Leid und im Tod. Es ist Zeichen dafür, dass Gott seines Bundes gedenkt.

Die Namen der Entwürdigten und Ermordeten sind bei ihm nicht vergessen. Gott denkt an die Opfer und erinnert uns an sie. Er denkt aber auch an die Täter, die sich vor ihm verantworten müssen. Auch die Täter und ihre Taten sind bei Gott nicht vergessen.

---

[73] Bibeltext der Neuen Genfer Übersetzung – Neues Testament und Psalmen Copyright © 2011 Genfer Bibelgesellschaft. Wiedergegeben mit freundlicher Genehmigung. Alle Rechte vorbehalten

Heute, wenn wir uns erinnern, wollen wir uns dazu aufrufen, wach zu bleiben und das Geschehen um uns herum mit wachen Augen verfolgen. Damit wir unsere Stimme erheben, wo immer wir denken, dass in einem dunklen Winkel solches Unrecht wieder Gestalt annehmen will. Weil Gott gedenkt, sollten auch wir gedenken. Dann hören wir auch Versöhnliches. Vielleicht denken wir an Martin Bubers Rede bei der Verleihung des Friedenspreises des deutschen Buchhandels im Jahre 1953, in der er unter anderem formulierte: *„Wenn ich an das deutsche Volk der Tage von Auschwitz und Treblinka denke, sehe ich zunächst die sehr vielen, die wussten, dass das Ungeheure geschah, und sich nicht auflehnten; aber mein der Schwäche des Menschen kundiges Herz weigert sich, meinen Nächsten deswegen zu verdammen, weil er es nicht über sich vermocht hat, Märtyrer zu werden. Sodann taucht vor mir die Menge all derer auf, denen das der deutschen Öffentlichkeit Vorenthaltene unbekannt blieb, die aber auch nichts unternahmen, um zu erfahren, welche Wirklichkeit den umlaufenden Gerüchten entsprach; wenn ich diese Menge im Sinne habe, überkommt mich der Gedanke an die mir ebenfalls wohlbekannte Angst der menschlichen Kreatur vor einer Wahrheit, der sie nicht standzuhalten können fürchtet.*

Zuletzt aber erscheinen die mir aus zuverlässigen Berichten an Angesicht, Haltung und Stimme wie Freunde vertraut Gewordenen, die sich weigerten, den Befehl auszuführen oder weiterzugeben und den Tod erlitten, oder die erfuhren, was geschah, und sich dagegen auflehnten und den Tod erlitten, oder die erfuhren, was geschah, und weil sie nichts dagegen unternehmen konnten, sich den Tod gaben. Ich sehe diese Menschen ganz nah vor mir, in jener besonderen Intimität, die uns zuweilen mit Toten, und mit ihnen allein, verbindet; und nun herrscht in meinem Herzen die Ehrfurcht und die Liebe zu diesen deutschen Menschen.“[74]

---

[74] Martin Buber: aus seiner Rede bei der Verleihung des Friedenspreises des deutschen Buchhandels im Jahre 1953 – Quelle: http://www.unsere.de/buber_1953_zum_holocaust.htm

Liebe Gemeinde,

diese Gedanken eines Betroffenen ermutigen uns, die „Erinnerung als Geheimnis unserer Erlösung“ zu begreifen. Wenn wir Christen Abendmahl miteinander feiern, wird uns dies schon in den Einsetzungsworten Jesu bewusst. *»... dann ruft euch in Erinnerung, was ich für euch getan habe!«*[75] Immer dann werden wir daran erinnert, dass der Sohn Gottes um unserer Schuld willen den Tod auf sich genommen hat, um uns mit Gott zu versöhnen. Wenn wir uns erinnern, sehen wir unsere Zukunft vor uns! Wo? In Gottes Reich, das durch Jesus Christus mitten in unserer Welt zu finden ist. Amen

09. November 2003

[75] 1. Kor 11, 24b + 25b Bibeltext der Neuen Genfer Übersetzung – Neues Testament und Psalmen Copyright © 2011 Genfer Bibelgesellschaft. Wiedergegeben mit freundlicher Genehmigung. Alle Rechte vorbehalten

Literaturverzeichnis der in den Predigten verwendeten Quellen

Die Bibel nach der Übersetzung Martin Luthers in der revidierten Fassung von 1984, durchgesehene Ausgabe in neuer Rechtschreibung, © 2011 Deutsche Bibelgesellschaft, Stuttgart.
Anne Steinwart »Selbst Nachtigallen soll es noch geben...« ©1991 Mosaik Verlag GmbH, München
Eichendorff Gedichte, Insel Taschenbuch 255, Erste Auflage 1977
Martin Buber, Die Erzählungen der Chassidim, © Manesse-Verlag Zürich, 10. Auflage
Alles wirkliche Leben ist Begegnung – hundert Worte von Martin Buber, 2006 3. Auflage, Hrsg. Stefan Liesenfeld, © Verlag Neue Stadt
Gemeindebrief Dezember 2010 – April 2011 der Evangelischen Kirchengemeinden Riegel und Endingen, Verfasserin: Maria Lorentz
Bibeltext der Neuen Genfer Übersetzung – Neues Testament und Psalmen Copyright © 2011 Genfer Bibelgesellschaft. Wiedergegeben mit freundlicher Genehmigung. Alle Rechte vorbehalten
Christoph Engels, 1000 Heilige Orte Tandem Verlag GmbH 2010
Wilhelm Genazino, Der Fleck, die Jacke, die Zimmer, der Schmerz, © Verlag: rororo; 6. Auflage
Dietrich Bonhoeffer, Gesammelte Schriften, Erster Band, herausgegeben von Eberhard Bethge, © München, Chr. Kaiser Verlag, 1958.
Marianne Williamson: Rückkehr zur Liebe: Harmonie, Lebenssinn und Glück durch „Ein Kurs in Wundern" Goldmann Verlag, Auflage 5 © 1993, S. 180
Antoine de Saint Exupéry Der kleine Prinz, Verlag Heyne, Allgemeine Reihe, 3. Auflage © 1956 by Karl Rauch Verlag KG, Düsseldorf
Einheitsübersetzung der Heiligen Schrift © 1980 Katholische Bibelanstalt, Stuttgart
Jerusalem Post 22, November 2002, Autor Khaled Abu Toameh
Gute Nachricht Bibel, revidierte Fassung, durchgesehene Ausgabe in neuer Rechtschreibung, © 2000 Deutsche Bibelgesellschaft Stuttgart
Johannes-Passion BWV 245, Urtext der Neuen Bach-Ausgabe Bärenreiter Studienpartitur 197 © 1973 Bärenreiter-Verlag Karl Vötterle GmbH & Co.KG Kassel und VEB Deutscher Verlag für Musik, Leipzig
Klaus Berger, Christiane Nord, Das Neue Testament und Frühchristliche Schriften, © Insel Verlag Frankfurt am Main und Leipzig 1999
Marie Luise Kaschnitz: Dein Schweigen - meine Stimme, Gedichte, © 1962 Verlag Claassen
Wer es könnte – Hilde Domin . Gedichte Andreas Felger . Aquarelle, Seite 19 © Präsenz-Verlag Gnadenthal 2000, 2. Auflage 2001
Manfred Jacobs: Das Christentum in der antiken Welt - Von der frühkatholischen Kirche bis zu Kaiser Konstantin Kleine Vandenhoeck-Reihe, Band 1510, 1. Auflage 1987, © Göttingen, Verlag Vandenhoeck & Ruprecht S. 84
Joanne K. Rowling: Harry Potter und die Heiligtümer des Todes © Carlsen Verlag GmbH, Hamburg 2007
Evangelisches Gesangbuch, Ausgabe für die Evangelischen Kirchen im Rheinland, Westfalen und Lippe, Nr. 362 aus Strophe 1 und 3 , © Gütersloher Verlagshaus 2001
»Der Gerechte lebt aus dem Glauben« - Martin Luthers „Turmerlebnis" Wiedergabe nach: D. Steinwede [Hrsg.], Erzählbuch zur Kirchengeschichte 2, © Göttingen/Freiburg/Lahr 1987, Vandenhoeck + Ruprecht

Verzeichnis der in den Predigten verwendeten Internet-Quellen

Auszug aus Morgengedanken in ORF Regionalradios vom 7. 12. 2006 von Pfarrer Andreas Lechner http://religion.orf.at/projekt03/tvradio/ra_morgen/ra_mor061203.htm
Projekt Gutenberg.de http://gutenberg.spiegel.de/buch/5525/159
Christian Morgenstern: Wir fanden einen Pfad - Projekt Gutenberg.de http://gutenberg.spiegel.de/buch/322/4
http://de.wikipedia.org/wiki/Athanasisches_Glaubensbekenntnis
Victor Hugo: http://www.zitate-online.de/literaturzitate/allgemein/1454/die-musik-drueckt-das-aus-was-nicht-gesagt.html
Victor Hugo: http://www.zitate-online.de/literaturzitate/allgemein/1454/die-musik-drueckt-das-aus-was-nicht-gesagt.html
Interview mit Margot Käßmann, Landesbischöfin Hannover, 31. 10. 2008 im Deutschlandfunk
Artikel über Johann Tetzel bei Wikipedia. Vgl. http://de.wikipedia.org/wiki/Johann_Tetzel
Lehre eines jüdischen Geistlichen (Baal Schem-Tov) aus dem 17. Jahrhundert. Aussage Avi Primor, 1993 bis 1999 Israels Botschafter in Deutschland in einem Artikel „Erinnerung ist das Geheimnis der Erlösung" SZ vom 07.02.2001 Feuilleton
Website der Neuhofer CDU: Rede von MdB Martin Hohmann zum Nationalfeiertag 3. Oktober 2003
Martin Buber: aus seiner Rede bei der Verleihung des Friedenspreises des deutschen Buchhandels im Jahre 1953 – Quelle: http://www.unsere.de/buber_1953_zum_holocaust.htm

Printed by Books on Demand GmbH, Norderstedt / Germany